亞太安全秩序的區域多邊途徑

衝突預防概念與實踐

李瓊莉◎著

自　序

　　1998 年我有幸出席在紐西蘭威靈頓維多利亞大學舉行的亞太安全合作理事會綜合暨合作安全工作小組會議。那是我第一次正式參與區域多邊二軌外交會議，讓我見證了台灣在區域舞台上爭取政治安全利益的困境；日後在各種國際會議中，我時時提醒自己為台灣發聲。除此之外，那次會議我發表了當時對經濟安全概念的初步心得，並且獲得諸多正面回應，激勵我在亞太綜合性安全議題的研究動力。我開始調整原本側重權力概念分析雙邊經貿談判的研究領域，轉而探究區域多邊途徑對亞太安全秩序建構之影響，因而開啟了個人新的研究視野。

　　在負責台灣參與亞太安全合作理事會專案行政工作告一段落之後，我數度獲得國科會（現科技部）專題研究計畫補助，其中多次主題與亞太多邊主義相關；然而，在我提交的幾個「成果報告」中，尚待解決的研究問題常多於暫時獲得處理的研究項目。這個似乎永無止盡的研究動力讓我一直對專書出版有所猶豫，直到最近，我注意到學校研發處公告的專書出版學術補助項目，方才鼓起勇氣提出申請並僥倖獲得同意補助。待完全卸下行政工作之後，正式啟動撰寫工作。謹在此感謝國科會(現科技部)與政治大學兩個對本書研究以及出版補助單位。

　　對我而言，這本書是近年來個人投身亞太安全研究的成果之一，但並不意味著我已經「完成」了亞太安全秩序區域多邊途徑之研究，套用亞太多邊主義的「進程論」，這只是我研究進程中的一個小進展；對其中諸多不足之處，日後仍將不斷更新、力求突破，以滿足更多的研究好奇。

　　寫作過程中最大挑戰是時間的侷限。平日既定的教學研究、學術暨社會服務早已占滿「法定」工時，為了如期完成這個出版計畫，我能借用的只有與家人相處的時間，在此特別謝謝家人一直以來的體諒與支持。

　　最後，這本書要獻給我親愛的母親李詹清惠女士，她珍藏了我所有的論著，但這次是第一本非編輯的個人學術專書，相信她跟我一樣感到振奮。

李瓊莉

於政治大學國際關係研究中心

中華民國一〇三年十月二十日

目　錄

第一章
緒論

冷戰結束、美蘇兩極體系鬆動之後，安全研究出現區域化趨勢。區域安全雖然仍不免受到國際體系中權力消長、強權競合的影響，但區域參數與動力常使其獨立發展於全球安全形勢之外。尤其當區域內新興強權崛起並企圖重組區域政經關係以擴張戰略版圖時，安全問題區域化的趨勢就愈加明顯。(Alagappa 1995, 359-360)此外，促進經貿整合的區域主義在各大洲相繼興起，區域經濟社會互賴程度深化後所衍生的跨國性議題連結了各國安全考量，並形成安全區域化(security regionalization)現象。(Lee 2002)面對安全不可分(security indivisibility)的特質，各國為強化共同安全利益，逐漸體認到集體行動的重要，因而提高對區域建制與區域組織的期待，使區域安全多邊主義(regional security multilateralism)研究開始受到重視。

然而，區域安全研究者應如何界定「區域」(region)？亞太安全研究所涵蓋的地域範圍應有多大？影響區域情勢的安全行為者是否只限定在同一個地理區界內？

地理相鄰固然是形構區域的要素之一，但不同於強調在地性的地域研究(area study)，屬於國際關係領域的區域研究(regional study)傾向以既存的一種或多重互賴關係來界定區域成員。(Alagappa 1995, 363)以利害關係者(stakeholder)之間的互賴模式,以及區域間的相互指認來界定「區域」。即使在同一個地理區界內,所指涉的區域成員與互賴模式,也常依議題面向不同而有所區隔。例如北韓可以是東北亞區域安全的利害關係者,但卻很少被視為是東北亞區域經濟的能動者(actor)。

　　事實上在全球化趨勢下,「區域」概念已經超越固定位置空間(space of location)、或是靜態實體區域(physical region)認知,而是一個依互賴關係所形構的流動空間(space of flows)、視議題而定的動態功能性區域(functional region)概念。(Vayrynen 2003, 26; 44-45)其所分佈的地域是一個液態(fluid)概念,而非固定的地理區域。(Camilleri 2003, 28; Pempel 2005, 24-25)這個新的「區域」概念使得亞太地區的地理界線不再是既定的,而是可經由國家互動及權力關係形構而成,且其界定視不同目的可能超越地理鄰近性並極具變動性。(Choi and Tow 2013, 23; Frost 2008, 35; Katzenstein 2005, 1-2)

　　在安全議題上,安全因子因為較容易短距離移動(travel),使得安全互賴關係通常有其地緣性。就保護標的物為領土主權的傳統安全而言,各國安全考量無法去疆域化,但域內國家彼此之間的結盟或對抗關係卻將各國安全連結在一起,形成了區域安全複合體(regional security

complex, RSC)。[1] (Buzan 1983, 105-106)此安全互賴關係可能
正向發展爲安全共同體，也可能負向發展爲區域衝突。
(Buzan 2003, 144-145)而在地理鄰近性因素之外，「區域國際
關係」（敵對相對於友好）及域外強權介入都是區域安全
複合體發展的重要變因。(Buzan and Waver 2003, 45-50)據
此，亞太安全研究所指涉的「區域」以東南亞、東北亞爲
地緣基礎，其成員包括與東亞各國具有實質安全關係，如
美國、俄羅斯、印度、紐西蘭、澳洲等國。

　　當區域成員互賴關係及互動經驗累積出得以辨識的區
域特質，且形成自我認定的區域性(regionness)，使區域間可
以相互指認，(Fawn 2009, 13-14)則滿足了界定「區域」的另
一要件：外部指認。雖然地理相鄰的各國通常有共同歷史
及文化經驗，但域外強權或國際規範等亦常是形塑區域特
質的要素。(Katzenstein 1996, 129-134)具體而言，針對特定
事件或議題，區域成員逐漸養成透過協調共謀集體回應方
針，進而修正個別回應政策的互動模式，不僅成爲區域認
同的基礎，也是全球對該區域指認的依據。

　　這些具政策意涵的多邊互動得經由常設性區域機制來
達成，(Alagappa 1995: 363)在豎立界定指標後，區域成員透
過常設性區域機制展開正式互動，並朝制度化發展進而建
立區域秩序，區域多邊主義渴望隨之形成。(Fawn 2009, 13-14)

---

[1] 2003 年 Buzan 與 Waver 加入安全化(securitization)及去安全化
(desecuritization)概念，RSC 不再以國家爲中心，並將安全議題
擴至非軍事政治層面。(Busan and Waver 2003, 44)

然而，區域組織有助個別國家因應全球變化所造成的衝擊、強化區域整體力量、並與其他區域連結等功能之外，(Haas 1975)也可能成為成員重組政治版圖的競爭場域，(Camilleri 2003, 29)因此，區域合作並不等同於區域整合。(Jorgensen-Dahl 1982, 225)

　　亞太地區長期以來因文化多元、各國政經制度歧異、部分國家之間尚有歷史與領土紛爭未解，鮮少有政策協調、集體回應區域挑戰之合作經驗，未能累積足以供外部指認的「區域性」。1989 年，為回應歐美區域主義可能帶來的經濟衝擊，亞太區域經濟成員成立亞太經合會(Asia Pacific Economic Cooperation, APEC)，是當前亞太地區成立最早且仍在運作的政府間多邊合作機制；之後以合作安全概念為基礎的東協區域論壇(ASEAN Regional Forum, ARF)於 1994 年首度召開，用以討論共同關切之區域安全問題；1997 年亞洲金融危機爆發後展開東協加三(ASEAN Plus Three)進程；以及 2005 年成立的東亞高峰會(East Asia Summit, EAS)，儘管這些機制成立的背景以及其對亞太地區情勢發展意涵有所不同，但卻有深受東協外交模式影響的非正式諮商論壇之共通運作基調，而此一模式似乎已成為足以讓全球指認的亞太「區域建制」特質。

　　另外，亞太地區內的多邊機制並非全球性國際組織之分部，也不是根據其他區域組織為範本複製而來。儘管難免受到批評與挑戰，但自亞太經合會與東協區域論壇成立以來，各國已提升了使用區域多邊途徑來強化本身區域戰略目標與企圖的頻率。區域多邊機制也因而成為各國處理安全互賴關係、商榷或協調如何共同回應共通安全議題的平台。參與區域多邊進程成為各國一種慣性行為模式，不論強權或中小型國家都不願忽略此一戰略選項。(Yahuda 2005)這個行為模式是否有助於區域穩定，成為建立區域秩序之基礎？本研究的主要目的便是在探究亞太安全秩序的區域多邊途徑，特別是區域安全機制對亞太安全秩序建構的特殊意涵。

第一節 研究緣起：現象、問題、目的

冷戰結束後，各界對亞太安全情勢的初估多不樂觀，擔憂亞洲可能如過去的歐洲，成為列強軍事競逐場域。(Friedburg 1993-1994; Buzan and Segal 1994) 因亞洲缺乏同質的互賴關係，也沒有安全建制，若安全困境(security dilemma)理論真的在亞洲驗證，其緊張情勢將會更為升高。(Christensen 1999, 49)尤其若美軍退出，亞洲會呈現一個多極危險結構(dangerous multipolarity)。(Kupchan 1998, 44-45)「不確定性」(uncertainty)常被用來形容後冷戰時期的亞太地區，(Ball 1996, 4)有學者甚至認為戰略家能從蘇聯解體得到的啟示是「期待不可期待」(expect the unexpected)。(Dibb 1997, 99; Dibb et al. 1999, 5)這些從新現實主義觀視所產生的安全失序憂慮與不安，在亞洲金融危機之後，轉為憂心另一波中日之間的列強地緣經濟競爭。(Manning and Przystup 1999, 43 & 65)

　　然而後冷戰時期的亞洲並未出現失序現象。即使各國之間仍存在諸多待解決的政治、歷史、及領土紛爭，卻成功的營造了一個有緊張情勢而無戰事的冷和平狀態(situation)。相對於強權在國際體系中的利益競逐所引起衝突不斷、核武擴散威脅未減等險峻形勢，亞太各國在缺乏區域建制的戰略環境中，能夠維持穩定且可預知的相對和平(relative peace)，實為難得。(Alagappa 2003a. 3-4; Ball 1996, 4)而這個「狀態」(situation or state of affairs)似乎如 Bull 所言，可以被視為一種「國際秩序」(international order)，各國為了維持「和平」此一國際社會之共同目標，願意受制於形構國際體系的某些規範與運作常規作為互動基礎。(Bull 2002, xxxiii & 8-19)

　　Bull 幾乎將國際秩序與國際社會現狀劃上了等號，在分析上不易釐清因果關係。Alagappa 則則具體指出「秩序」應涵蓋兩個要素：一是目標(goal)；另一是維繫目標的目的性安排(purposive arrangement)，並界定國際秩序為一套正式或非正式的安排，使主權國家在追求個體或集體利益時，得以維繫國與國之間以規則治理(rule-governed)的互動關係，進而形成一個可預測(predictable)並穩定的國際環境。(Alagappa 2003b, 39)而維持秩序的途徑有三：權力競爭、合作規範、以及國家轉型，前兩者以理性及自助(self-help)的國家行為為假設，第三個轉型途徑則指透過國家內部政治與文化制度之轉型，藉此改變國際互動的基調而形成秩序。(Alagappa 2003b, 52-64)

從新現實主義觀視，區域各國基於共同國家行為假設，使區域國際關係呈現一個穩定互動結構即為區域秩序，(Leifer 1980, 1)而權力競爭是維持秩序的主要途徑。區域穩定的結構型態包括霸權穩定、權力平衡、大國協商(concert of powers)等，(Alagappa 2003b, 56-57)其中權力平衡被視為是建構安全秩序的最佳結構。(Waltz 1979; Waltz 1990)然而亞太地區在冷戰結束後並沒有出現新現實主義所主張的穩定權力結構，卻維持了冷和平的區域秩序目標。中國大陸崛起、日本力圖國家正常化等因素，使亞太戰略環境似乎出現中、日兩權企圖各據一方之勢，但中日兩強競逐並非單純區域兩極結構，而是在美國以全球獨霸優勢、鞏固其在亞洲軸輻同盟體系之下的發展，因此亞太安全結構實際上是全球一超單極之下的區域多極結構。冷戰時期的權力平衡思維，恐怕不足以解釋亞太地區過去 20 多年來相對穩定的區域安全狀態。

區域政治實際上並不是隨時都在廝殺攻防狀態下的台球(billiard balls)競賽，區域國際關係比較像板塊(tectonic plates)互動，大部分時間是平靜穩定，偶而才會出現推擠現象。[2]而構成板塊推擠的動能或來自權力結構變化、或源於國家利益的重新界定。新現實主義或許可以用來瞭解引起板塊移動的「推擠現象」，但卻不足以說明板塊在大部分時間的平靜穩定。當安全問題區域化、區域成員透過區域

[2] Krasner 在討論國際建制與國家權力消長時使用這兩個比喻。(Krasner 1983)

多邊機制集體回應安全挑戰的戰略選項出現後，過去多被用於觀察國際政治經濟領域中低階政治問題之新自由制度主義，開始得以適用於解析區域制度對安全秩序之影響。(如Haftendorn et al. 1999)透過對常設區域機制之研究，從制度面解析各國在平靜穩定的區域環境中的行為模式，可以補充新現實主義忽視區域制度如何建構安全秩序之研究不足。

區域主義的興起不僅深化區域成員之間的政經互賴關係，亦使區域國際關係不再單純是戰爭與和平兩個相對概念足以完全呈現的，而是交錯於各國權衡自身政經利益、調整雙邊關係的衝突與合作之間；其中少有處於絕對敵對或完全和諧(harmony)的狀態，而是共存於戰爭與和平之間。許多區域合作倡議之目的即在減低或避免衝突，並經營建立不以武力解決衝突為原則的區域國際關係以維持區域安全秩序。(Singh 1992, 3)如何透過區域多邊途徑避免衝突演變成戰爭、將合作轉變成和平的基石(cause to peace)等衝突預防概念與措施也成為區域主義研究的重要內涵之一。(Fawn 2009, 22-25)有別於重視權力結構的區域秩序，新自由制度主義以協調(coordination)、協作(collaboration)等合作方式建立區域秩序。

藉前述 Bull 以「狀態」界定國際秩序，亞太地區自冷戰結束後所維持的無戰爭狀態可被視為區域安全秩序之呈現。若戰爭與和平之間存在緩衝區，武裝衝突的發生便是在這個緩衝間未能妥善處理衝突與危機所引起的。維繫此一無戰爭現狀，預防區域緊張情勢升高演變成武裝衝突，便是區域安全秩序建構目標。據此，區域秩序可以被界定為區域安全複合體中的衝突管理。(Lake and Morgan 1997, 11)若區域成員針對彼此關切的問題得以找到可以接受的處理方式，即 Alagappa 所謂的目的性安排。透過這些安排使各方在短期內不致重複一樣的顧慮、各國國內衝突不至於影響區域國際關係，且各國之間的緊張關係也能降至最低，可謂是理想的區域秩序。(Ayoob 1986, 3)

冷戰後，亞太區域安全成員同意的第一個目的性安排即是成立東協區域論壇作為多邊安全合作機制。在第二次外長會議後的主席宣言中，外長們揭示該論壇之成立宗旨為：確保並維持亞太地區和平、繁榮與穩定之區域現狀。(ASEAN Regional Forum 1995a)這個維持和平穩定的區域現狀與前述區域安全秩序建構目標：衝突預防與衝突管理，有共通之處。因此，亞太安全秩序的區域多邊途徑至少可從「衝突預防」概念切入探討。

衝突預防在國際安全組織中已逐漸成為主流功能，甚至成為諸多區域機制成立的主要宗旨。(Carmen and Schnabel 2004)衝突預防的理論與實踐中，國際組織經常扮演第三者角色，居中斡旋或協調國際衝突。然而，政治整合下的區域政治機制在兩國發生衝突時，不一定會有足夠的資源或意願來擔任第三者角色，區域大小及組織設計皆會影響區域組織對促進和平的貢獻。[3]當前亞太地區並沒有

---

[3] Nye 在比較歐洲共同體(European Community)、中美中共同市場(Central American Common Market)、以及東非共同體(East

一個有效監督或執行區域秩序的機制，因此對於維持無戰爭現狀，預防遠比制裁來得可行，集體衝突預防制度設計因此具有戰略意涵。

有學者認為當今區域組織對亞太安全的貢獻有限，藉「失敗國家」(failing state)的概念比喻東亞是個「失敗區域」(failing region)，呼籲發展一個具備有效衝突預防或管理能力的區域組織。(Wallesteen 2005, 41)各方雖對區域組織的衝突預防功能評價不一，但都對區域組織有所期待，顯示進行相關研究的重要性，因此，本研究的第一個研究目的便是評析目前亞太安全合作機制的衝突預防實踐，與其所帶來的區域秩序意涵。

多邊機制是一個集體行動體，並非單一國家可以完全掌控，且機制運作本身有其發展動力，即使成效有限，也很難會因個別國家（包括強權）杯葛或干擾等行為而停止運作。因此無論評價如何，區域多邊機制將持續在亞太安全秩序中扮演一定角色。過去經驗顯示，亞太地區發展不同的區域合作進程，擴大了各國多邊外交的活動空間，但各機制之間並未互相取代，亦沒有相互協調，反而出現功能重複或相互競爭的情況。換言之，多重合作論壇雖強化了多層次、多議題的政策交流，卻沒有推進區域整合。近年雖陸續有國家領導人提出建構區域安全架構之呼籲，但卻沒有具體結果，多停留在研議凝聚共識階段。因此，本

African Community)三個組織後，肯定小區域、排他性的區域經濟社會組織最具促進和平的功能。(Nye 1971)

研究的第二個目的則是反思亞太經驗的理論意涵，作為前瞻維持區域秩序目的性安排之基礎。

綜言之，自冷戰結束以來，若亞太地區相對穩定的區域情勢、無戰爭現狀的維持可被視為區域安全秩序，那麼冷戰結束後區域成員的共同經驗：區域多邊途徑，對區域安全秩序之貢獻至少可以從衝突預防的角度來檢視。本研究即在探究亞太地區多邊安全制度設計所主張的衝突預防概念，以及所展現的實踐特質。

第二節 研究界定：視角、範疇、內涵

國際制度研究本質在於探究國際社會在無政府狀態下的國際合作問題。而國際合作涉及的是在特定情況下，一組國家如何達到集體行動。為處理集體行動問題，各國同意發展政治性機制，其種類從最正式具約束力的國際法、協議式的國際組織到非正式的國際建制，如規範或習慣等。(Kranser 1982a, 186)就國際制度內涵的嚴謹度及約束力而言，國際制度可分為三類：國際組織、國際建制、與國際慣例。(Keohane 1989, 3-4; 盧業中 2002, 49)。

除歷史途徑與法制途徑等傳統研究方法之外，對安全秩序研究而言，探究國際制度的形成與變遷對國家行為的影響，及其與對國際社會所帶來的中長期發展意涵更具意義。因此，相關研究面向應至少有三：第一是在無政府狀態下，國際安全合作的誘因，以及安全制度的形成要素。二是安全

制度形成後是否影響國家行為？或者僅是反映國際體系權力結構？第三則是視國際制度為中介變數，討論國家戰略利益如何經國際制度修正後影響國際體系或國際秩序之建構。

　　新現實主義與新自由制度主義兩大國際關係研究典範，針對國際制度的形成、國際制度的變化、及國際制度的效能評估，早多所辯論。(Grieco 1993; Baldwin 1993; Keohane 1993)兩個學派都假設國家是理性行為者，兩者都同意國際社會中無政府狀態的事實。但新現實主義認為在無政府狀態下，權力結構決定國家行為，在權力極大化的理性行為模式下，相對利得計算使國際合作的可能微乎其微；而新自由制度主義所指的無政府是指國際社會沒有各國授權得以統籌國際公共事務的中央政府，但國家間共同接受主權及互惠兩大原則為國際政治遊戲規則。國家間為了特定議題之共同利益，絕對利得的計算自然促成國際合作。

　　兩者對國際合作的動機解釋不同，對國際制度如何影響國家行為與國際秩序的看法自然也不一，但兩者都將國際組織工具化。從新現實主義觀視，區域機制是強權落實戰略的工具、是強權擴張國家利益的途徑之一；而強權對區域組織的利用與延伸的競合關係是形塑區域制度的原動力。換言之，在新現實主義的邏輯中，區域建制或區域組織是強權競逐的結果，通常不會被視為區域秩序的自變數，而僅是強權主導的區域秩序建構的中介變數。因此，新現實主義學派並不看好國際組織或制度對安全秩序維繫的功能。(Mearsheimer 1994/1995; Leifer 1999)。相對的，新自由制度主義提升了國際組織在國際政治的地位，國際組織的規範與有形無形的國際社會原則對國家行為有所制約。中小型國家因而視國際組織為牽制強權的工具，制度論有其發展之必然性。(Keohane and Martin 1995; Simon 1999)。

　　以理論二分法來理解國際制度對國家行為及國際秩序之影響逐漸受到挑戰。新自由制度主義與新現實主義的解釋邏輯，都奠基於所有國家共通的工具理性與物質性利益上，這種共通性使得國際制度有促進國際合作的空間。而國際制度能促進合作的事實證實了這種共通性存在的前提。(徐斯勤 2011, 118)然而兩者不同之處是國際制度下的合作行為是否意味著零衝突？對新現實主義而言，國際制度，尤其是國際組織可能是強權爭取有利自身議程與遊戲規則的另一個競爭場域，只是把地緣政治競逐移至特定機制內。

　　另外，國際組織工具論雖是新現實主義與新自由主義之「共識」，但兩者仍對國家在追求各自目標時，如何兼顧集體與個體利益，且避免不必要的衝突之看法不同。以權力為分析基礎的國際合作理論，偏好霸權穩定理論(hegemonic stability theory)，強調霸權在國際建制形塑過程中扮演公共財提供者的關鍵角色，使中小型國家得以搭便車，同時，建制之穩定與否隨霸權興衰波動。而以利益為分析基礎的新自由主義，藉博奕理論行為者理性選擇(rational choice)途徑，追求最適戰略均衡之概念，透過透明及公開的制度設計可避免不必要的交易成本與誤判、減少

衝突，達到穩定的預期效果。(Hasenclever et al. 1997)

　　早在 1977 年 Keohane 與 Nye 提出複合式互賴(complex interndependence)概念時，國際形勢即醞釀多邊主義研究的形成。(Keohane and Nye, 1977)之後，Keohane 以互賴關係增加後對多邊組織的需求增加來解釋多邊組織的形成，並將會員加入組織的行為視為形塑契約環境，透過契約與組織規範來減少國際間互賴關係中所產生的不確定性與風險。(Keohane 1990, 744)有鑑於以 Waltz 主導的新現實主義未能忠實反映國際現勢，忽略霸權在特定議題上因互賴關係深化後不得不借助國際制度來處理問題的事實，Keohane 力推國際社會對多邊主義的關注，視多邊主義為一個研究領域，並將其定義為：三個國家以上，透過臨時性或制度性安排，循一組穩定規則，進行國家間的政策協調。 (Keohane 1990, 731-732)然而，這些安排需具有持續性(persistent)行為準則，有如契約般約束參與者。若僅是針對處理短程問題所召開的臨時會議，則不被視為多邊機制。

　　Keohane 探討多邊組織的理論基礎是新自由制度主義(neoliberal insitutionalism)，透過制度設計與規範，在促進國際合作的同時，新自由制度主義得務實將國家權力與利益納入考量。因此，權力在多邊組織中仍扮演重要角色，但與新現實主義不同的：在某些情況下，追求自我利益為優先的國家（包括強權）仍必須透過組織的整體利益來滿足自我。 (Koehane 1990, 734) 為了強調制度設計的重要性，Keohane 將既有的新自由制度主義改稱為制度理論(institutional theory)。(Keohane and Martin 2003)在自由主義與現實主義分佔兩極的光譜中，新自由制度主義所強調的制度論不但提供兩者對話平台，並創造了兩者交會空間，扮演自由與現實主義兩大陣營之「中介功能」。(宋學文 2011, 153-154)

因此多邊組織未必限制國家利益的追求，例如美國在1960 年代後期開始對國際多邊組織的投入，實際上減緩了美國霸權式微的速度。(Koehane 1990, 737-738)而強權國家更依其利益所需，促成不同類型多邊組織之生成，分別為：只限定特定地域內或有相似目標的國家方能加入的限制性組織(restricted institutions)、為避免搭便車者圖利的有條件開放組織(conditionally open institution)、以及以諮商功能為主，僅交換意見但實效不彰的開放性組織(open institution)。(Koehane 1990, 751)因此，瞭解組織動力與特質需同時分析組織目的(purpose)與權力結構(power)。

回應 Keohane 對多邊主義之界定，Ruggie 強調多邊主義（multilateralism）與多邊組織(multilateral institution)不應被劃上等號。其認為 Keohane 把「多邊」(multilateral)用作表達「組織」(institution)會員數目的形容詞，並將多邊主義與多邊組織交互使用，僅是一種靜態的名詞解釋。對 Ruggie 而言，多邊主義是三個國家以上，循特定行為原則，針對某些問題，或一系列問題所發展出的長期互動關係。(Ruggie 1992, 565-566)除了從新自由制度主義發展而來的「制度論」之外，多邊主義研究是一個互動模式研究。除了各國的政策協調與協作之外，多邊組織成員以國際間針對特定議題的通用原則(generalized principles)為基礎，明確發展出一套規範與互動方式，且不會因任何歧見或緊急事件而改變這些行事原則。(Ruggie 1992, 571) 而這些規範的認同及執行對區域國際關係之意涵才是多邊主義研究的重點。因此，多邊主義是一種在整體國際秩序(international order)、國際建制 (international regimes)、及國際組織(international organization)間都存在的一種現象，不應直接將多邊主義與多邊組織劃上等號。(Ruggie 1992, 572-574)多邊主義更適切的界定應是具國際建制特質的多邊組織。

　　本研究綜合 Keohane 與 Ruggie 對多邊主義研究之界定，以新自由制度主義的理論假設為基礎，結合亞太多邊機制發展特質，界定區域多邊途徑為各國藉由常設性多邊機制，展開諮商性、對話性、或者是交流性之互動，集體回應區域政經情勢變化的慣性行為；並進而藉此途徑累積互通的政策意向(rationale)，發展一套可預期，且在面對環境巨變衝擊時，具有復甦力(resilience)的規範或原則，來形塑區域秩序。若區域多邊途徑成為區域成員的必要工具選項，則形成區域多邊主義。

　　對於為了回應特定問題或事件所進行的多邊政策協調或諮商互動，在事後若未能發展出一個常設機制、或一套規範制度的功能性合作，則不在本研究所指的多邊途徑或多邊主義研究範疇內。不同於歐盟建構超國家政府的區域主義模式，區域多邊途徑不必然是一個政策引導的區域政經整合重組過程，也不應被視為取代單邊或雙邊途徑，而是提供了區域成員共同處理區域議題的另一策略選項。

　　在傳統的衝突研究中，「武裝衝突」係指兩造或各造之間不排除使用武力的不相容對峙，而其中至少有一行為主體是國家政府。然而，因研究目的不同，對武裝衝突的分類或取樣亦有不同標準。就衝突的主體分類，武裝衝突分為三類：國與國之間的武裝衝突(interstate conflict)、[4]國內武裝衝突(internal armed conflict)、以及有外力介入的國內武裝衝突(internationalized internal armed conflict)。就衝突的進行時間分類，則包括潛在(potential)武裝衝突、可能覆發(re-occurrence)的武裝衝突、及正在進行的武裝衝突。另外，多大的死傷規模才可稱為武裝衝突也有所界定。

　　然而，本研究之研究標的並非「衝突」本身，而是回應潛在武裝衝突的區域多邊途徑；亦即，以政府間區域多邊機制、以及以維持區域秩序的衝突預防區域建制為研究主體。在此所指涉的衝突僅限國與國之間之軍事衝突或政治緊張，並不包括國內衝突；區域成員間潛在武裝衝突足以挑戰或威脅區域穩定與安全秩序，是本研究所關切的衝突種類。一旦衝突爆發，不論死傷人數的多寡，皆破壞原有的「無戰事」秩序現況，因此對於以潛在衝突的死傷人數估算來定位衝突的嚴重性似乎意義不大。

　　當前亞太地區處理區域安全問題的常設性多邊機制包括提供亞太多邊主義規範基礎的東協、歷史最久的亞太安全合作機制東協區域論壇、新成立的東協擴大國防部長會議、以及近幾年才明確與安全議題掛勾的東亞高峰會。本

---

[4] 國內對國際衝突之研究途徑，可參考(林碧炤 1996)、(吳釗燮 1995)、(莫大華 1996)、(莫大華 2006)。

研究以這四個區域機制為研究主體，討論區域成員透過集體衝突預防概念與措施之實踐，以維持無武裝衝突爆發的區域秩序進程。

簡言之，本研究從衝突預防概念切入、以新自由制度主義理論假設為基礎、亞太安全合作機制為研究主體、衝突預防概念與措施的制度設計為主要研究內涵，探究區域多邊途徑對亞太安全秩序建構之意涵。至於對亞太區域多邊途徑衝突預防功能之評析，則依各主體成立宗旨與制度設計所預設之目標而定。在資料的取得與彙整方面，除了官方文件之外，本研究的一大特色在於部分資料的取得與研判，來自本人在研究過程中出席多項區域二軌安全外交會議現場參與之討論，以及會議期間與具區域政策影響力的學者專家之意見交流。

第三節 全書章節安排

在互信短缺、政經發展程度迥異、意識型態分歧、以及仍有諸多領土紛爭待解的情況下，亞太多邊機制的形成與發展是後冷戰時期亞太區域國際關係的一大突破。自亞太經合會成立以來，各國從一開始因缺乏經驗而對多邊途徑有所保留，逐漸朝向將其視為回應區域環境變遷必須考量的合作途徑，期間發展動力與特質為何？此緒論後的第二章綜整亞太多邊途徑前 20 年(1989-2008)的發展概況，整理各多邊機制組織設計與運作模式的共通之處，以瞭解在亞太地區特殊政經背景之下,區域多邊途徑的運作基調,以俾務實評析亞太區域組織的衝突預防功能。

　　當安全研究開始重視區域特色,區域組織的衝突預防功能也漸形重要,衝突預防已成為全球與區域組織的共通任務。第三章先闡述聯合國架構下政策驅動的衝突預防概念,再針對安全研究與和平研究兩大典範的不同假設及理論透視,討論各自側重的衝突預防措施;最後依亞太多邊途徑的建制特質,提出亞太集體衝突預防分析要素。

　　第四章續以第三章所討論的衝突預防概念分析亞太地區當前歷史最久的多邊安全合作機制:東協區域論壇。分述其緣起、組織設計與運作原則,以探討亞太集體衝突預防之最初構想,並評析在實踐過程中所做的調整及帶來的區域安全秩序意涵。

　　東協區域論壇衝突預防功能在成立後的 15 年間並沒有受到太多肯定,在面對諸多批評與反省的同時,2009 年亞太情勢出現了幾個可能影響亞太安全多邊主義的發展。首先是美國歐巴馬政府揭示重返亞洲的戰略再平衡,並積極參與亞太多邊機制,企圖強化對區域建制之影響力。美國新亞太多邊策略之成效在 2008 年全球金融海嘯後,受到中國大陸戰略地位大幅提昇的挑戰,使中美在亞太多邊機制中的戰略競逐增添了新自由制度主義安全觀的強權因素。此外,東協在成立 40 年之後通過東協憲章,且於 2008 年 12 月生效,提升了東協國際法人地位,並強化區域建制過程中東協中心性。強權競逐與「東協中心性」(ASEAN Centrality)兩股動力交錯之下,亞太集體衝突預防途徑的運作模式是否有所調整？

第五章試圖回答上述問題，討論 2009 年之後亞太安全多邊機制的新發展，及其對集體衝突預防實踐的影響。先討論影響亞太安全多邊主義發展的新動力；再整理東協區域論壇、及其他源自東協的區域安全機制之組織制度設計與變化；最後評析這些安排在亞太地區衝突暨威脅預防實踐上的意義。

除了評析目前亞太安全合作機制的衝突預防實踐與其帶來的區域秩序意涵之外，本書的第二個研究目的是反思亞太經驗的理論意涵，以作為前瞻維持區域秩序目的性安排之基礎。是以，第六章先探討亞太經驗的理論意涵，先討論以新自由制度主義假設為分析元素的國際合作理論在亞太地區的適用性；其次分析以區域組織為基礎所發展出的安全共同體在亞太地區作為實踐衝突預防功能的可能性；最後討論新自由制度主義中的強權因素，指出戰略均衡是滿足區域成員持續以亞太多邊途徑作為區域秩序目的性安排的必要條件。

第七章務實前瞻未來亞太安全秩序多邊途徑之發展。主要以當前區域二軌會議中正在研擬的發展方向作為本章討論的基礎。首先是有關東協模式改革問題，當東協通過憲章並強調東協中心性後，能否有助其持續作為亞太多軌、多層區域建制發展進程支點？其次討論為滿足區域戰略均衡的目的性安排選項，即是所謂「架構」途徑在當前二軌會議中的界定。最後從衝突預防概念討論二軌會議對東協區域論壇邁向預防外交階段所做的預備。

　　最後，在第八章的簡短結論中，除總結本書主要論述之外，尚舉出幾個限於篇幅、研究典範、及問題聚焦性沒有納入本書討論，但足以影響亞太安全區域多邊主義研究的相關問題，供未來研究方向參考。

第二章
亞太區域多邊途徑發展特質

　　1989 年亞太經濟合作論壇（今簡稱亞太經合會）（Asia-Pacific Economic Cooperation, APEC）成立，開啟亞太地區政府間透過常設性機制發展多邊合作之新頁。1994 年以安全議題為對話內涵的東協區域論壇(ASEAN Regional Forum, ARF) 首度在吉隆坡召開。1997 年東協國家與東北亞中、日、韓三國共同面對亞洲金融危機帶來的區域震盪，同意展開東協加三(ASEAN Plus Three)合作進程。2005 年當時以建立東亞共同體為目標的東亞高峰會(East Asia Summit)開始運作。短短幾年之間，亞太地區出現了四個互不隸屬、之間缺乏協調、且沒有整合趨勢的多邊合作機制。各國從一開始因不熟悉而對多邊途徑有所保留，已逐漸朝向將其視為回應區域環境變遷而必須考量的政策協調途徑。

　　在各國政治互信短缺、政經發展程度迥異、意識型態分歧、以及仍有諸多領土紛爭待解的情況下，各國何以願意放下歧見，開始展開區域合作，並接受以多邊途徑相互約制政策行為？從新自由制度主義的假設論之，多邊機制可以是各國實踐區域戰略的工具之一，但區域成員對工具論的期待應是建立在一套共同接受的制度安排，以及機制

穩定運作的前提。就此，本章綜整上述機制在制度設計與
運作模式上的共通點，試圖瞭解在亞太地區特殊政經背景
之下，區域多邊途徑的運作基調。

第一節 後冷戰時期美、日戰略利益聚合

　　蘇聯解體使全球安全結構出現美國單極優勢，然而在
亞太地區，美國仍持續以雙邊軍事同盟為基礎的軸輻體系
維護自身安全利益，無意發展單極霸權領導的集體安全架
構。美國的無意願加上俄羅斯的無能力，使亞太地區出現
權力真空。在缺乏霸權領導的條件下，區域秩序或可賴「強
權協調」(concert of powers)來維持。但美中為圍堵前蘇聯所
形成的「既存盟友」關係(de facto alliance) (Carpenter and
Wiencek 1996, 9)因中國崛起之潛力已動搖；美日關係亦因
自 1980 年代以來的雙邊經貿摩擦而出現不穩；使強權協調
因而成為非選項。面對多極區域形勢，中型強權(middle
power)包括加拿大、澳洲、南韓，以及區域集團東協也都在
摸索著如何在重建亞太安全秩序的過程中扮演適當角色，
試圖調整冷戰期間慣於對抗的戰略思維。

　　在兩極國際安全體系下，美蘇兩大陣營內各國之間的
政經緊張關係，通常在美蘇霸權各自對其附庸國的影響下
得以緩解，不至造成小國之間的直接衝突。若爭端國分屬
兩大陣營，則緊張情勢常演變為霸權之間的衝突。因此，
冷戰期間，不論是陣營內或陣營間，強權附庸國或中小型

國間直接發生衝突的機率較小。兩極安全體系鬆動之後，各國雖在政治外交政策上得以獨立自主，但離開美蘇霸權的保護未必帶來安全保障。各國的國家安全或戰略利益，直接受到區域環境變遷的影響，區域異質性所帶來的安全問題使得各國直接發生摩擦的機率相對增加，所面對的安全挑戰並未因冷戰結束後而減少。若各國以軍事手段解決紛爭，則偶發的小規模國際武裝衝突可能增加，衝擊區域穩定發展的風險也隨之升高。為了降低風險，各國以合作保障彼此安全、建立互賴互信關係等「共同安全」與「合作安全」概念，[1]逐漸取代對抗、圍堵的冷戰思維。

各國戰略思維的調整以及新安全概念的提出有利發展區域多邊主義，然而，在缺乏互信基礎的困境中，什麼議題可以被用作「安全合作」的最佳媒介？透過怎樣的安排可以推進互信？當時發展區域多邊主義的利基是什麼？事實上，蘇聯解體的意涵除了兩極體系鬆動所帶來的戰略不確定之外，更重要的是共產主義意識型態的式微，經濟戰略價值的大幅提升。因經濟利益考量而跨越軍事或意識型態藩籬重組的政經關係，已成為後冷戰時期亞太國際關係發展新趨勢。(Lee 1999)

可想而知，美日同盟關係使美日兩強的戰略動向在當時最受矚目。美日在 1980 年中期以來各自發展的區域經濟安全戰略，在亞太經合會成立後產生聚合效果。而在安全

---

[1] 對於各種新安全觀之討論，國內外皆有非常豐富的文獻，可參考(Dewitt 1994)、(李文志 2004)、（林正義 1996）等。

合作方面，東協區域論壇的成立則掀起美日是否修正雙邊主義轉向偏好多邊主義之辯論。[2]以下先從美、日經濟安全戰略觀討論亞太經合會的成立對亞太區域多邊途徑發展之意涵。至於東協區域論壇的形成，則在第四章再做討論。

　　成立亞太經合會的主要目的在於推動區域貿易暨投資自由化與便捷化，以因應當時美歐區域經濟整合對亞太各國在全球市場競爭力可能帶來的衝擊。[3]然而，若沒有成熟的區域經濟互賴關係作為結構性基礎，各國參與意願則難以凝聚，成立與否便沒有實際戰略意義。當其他地區正在進行以政策引導的區域經濟整合時，維繫東亞經貿互賴關係的是以日本跨國企業所建立的區域經貿網絡，相對於歐美的法理區域經濟主義(de jure economic regionalism)，東亞經驗被稱之事實區域經濟主義(de facto economic regionalization)。其發展與日本長期的經濟安全戰略息息相關。[4]

　　二戰結束後，在美日安保同盟之下，日本安全無慮，並以憲法限制軍備發展，首相吉田茂(Shigeru Yoshida)提出以經濟力量作為提升日本國際地位之基礎，稱之為「吉田主義」(Yoshida Doctrine)。1960 年代後期外相三木武夫(Takeo Miki)(任期 1966-1968 年)提出以區域均富為目標的亞太政

---

[2] 對雙邊主義與多邊主義之辯論，幾乎已達共識，兩者並不互斥。相關整理可參考 (Ashizawa 2004)、(Krauss and Pempel 2004)等。

[3] 有關亞太經合會之相關研究，請參考(Drysdale and Terada 2007)。

[4] 以下有關日本經濟安全戰略論述綜整自(李瓊莉 2010)。

策。除了美歐經貿夥伴之外,日本開始積極關切周邊國家的經濟發展,企圖扮演橋樑角色,縮小區域經濟差距。具體作為則包括透過成立亞洲開發銀行以及東南亞經濟發展部長會議、增加對東南亞各國外援以及有利經濟發展之合作關係、並倡議太平洋自由貿易區(Pacific Free Trade Area)、成立亞洲太平洋委員會等,多項政策已展現多邊主義與區域合作的概念與構想。但三木武夫的亞太政策一方面未受到美國支持,另一方面因東南亞各國對日本軍國主義之疑慮未解而終止。

美國對日貿易在第一次石油危機後出現赤字,同時,美國總貿易赤字亦逐漸增加。美國經濟霸權式微的疑慮使日本意識到能源安全與經貿夥伴擴展的重要性,因此,加強與日本石油進口要道的鄰近東南亞國家之政經關係成為日本對外重要政策之一。1973 年日本成為東協非正式諮商夥伴,主要關係建立在經貿議題上;1977 年日本受邀參加東協第二次高峰會議,首相福田糾夫(Takeo Fukuda)提出所謂的「福田主義」(Fukuda Doctrine),主要以外援方式強化與東協各國之政經關係。

1980 年 7 月日本公佈綜合性國家安全報告首度正式說明能源安全與經濟外交為本的綜合性安全政策原則與方向,積極營造友好國際環境,以「睦鄰」政策確保能源及原物料充分供給。之後,由野村(Nomura Research Institute)研究所提出「綜合性安全成本」(comprehensive security cost)論述,更進一步主張日本應該分攤國際社會所需的綜合性安全成本。除軍事支出之外,日本在國家安全預算中編列資源發展與儲備、經濟援助、文化交流等項目，並直接與能源供給國發展經援及外交關係。1980 年首相太平正芳(Masayoshi Ohira)再推太平洋盆地經濟合作(Pacific Basin Economic Cooperation)，然而，東南亞各國仍多所保留，未給予正面回應，日本因而與澳洲共同創辦太平洋經濟合作會議(Pacific Economic Cooperation Conference, PECC)，以二軌方式促進亞太各國政策交流。

日本 1970 年代對東南亞的經援政策增加日本成為區域強權的政治籌碼，而 1980 年代為因應美國貿易政策轉變，日本進一步的區域佈局更鞏固日本的區域經濟地位。1985 年美國與德日等 G7 世界經濟強權簽訂廣場協議(Plaza Accord)，日圓被迫升值，日本因而轉移全球經貿佈局重心，大舉在東亞直接投資，創造大量跨國企業內生貿易(intra-industrial trade)，不僅同時帶動東亞新興工業國家及東南亞開發中國家的經濟成長，更深化以日本為雁首的東亞經貿網絡，即所謂的雁行發展模式(flying geese development model)。1987 年日本首相中曾根康弘與東協建立和平繁榮的新夥伴關係，並重視私人企業間之合作對區域整體經濟成長之重要性。1988 年日本外貿產業部政策白皮書中提出新亞洲產業發展計畫，主要目的在建構一個水平分工的亞太區域經濟網絡，鼓勵跨國企業對東亞的直接投資，以調整日本產業結構，並透過該計畫將貿易盈餘以技術合作方式經援東南亞開發中國家，以達到區域均富、水平分工等政策目標。

綜論之，「雁行模式」與「水平分工」概念下所發展出的區域經濟網絡是亞太經合會成立的經濟結構基礎。而在制度安排與運作方式方面,也均充分反映出日本長期以來的亞太政策。其中開放區域主義(open regionalism)與日本全球經貿利益連結;除了貿易暨投資自由化與便捷化之外的另一個支柱經濟技術合作(Economic and Technical Cooperation, ECOTECH),則反映日本一向主張的區域均富政策。在達成決議的方式上,日本選擇支援東協模式中的共識決,企圖扮演東南亞國家與已開發國家之間的橋樑。

亞太經合會成立初期得以順利運作的另一個關鍵在於美國的支持,美國一向以推動全球經貿體系自由化為目標,對於區域經濟整合並沒有太多興趣。對亞洲以出口導向為發展基礎的小國則偏好以雙邊途徑提供市場優惠,即所謂的自由貿易政策(liberal trade policy),以鞏固其政治影響力。1980 年初期美國面對與東亞國家的龐大貿易赤字,不得不調整貿易政策,改以互惠、公平為原則,與經貿夥伴展開雙邊談判。一方面要求東亞出口成長導向的貿易夥伴開放進口市場,另一方面與已開發國家簽訂廣場協定,要求調整幣值。然而這一連串的政策作為都還是將國際經貿問題歸類為低階政治(low politics),直到 1993 年柯林頓政府方將經濟事務、與軍事戰略、民主政治並列為對外事務之三大核心;並隨後提出經濟安全概念,經濟議題正式被納入國家安全政策中。[5]

---

[5] 本文有關美國柯林頓政府的經濟安全概念綜整自(李瓊莉 1997)。

　　柯林頓政府將「經濟安全」視為外交事務之核心之一，並將國內經濟政策與對外經貿策略相連。正值興起中的亞洲經濟使太平洋地區在美國外交上的重要性直追大西洋地區。柯林頓上任後的首次亞洲之行中揭示建立「新太平洋共同體」的美國亞太政策，目的在建立美國與亞太地區之間的利益相關性。一方面企圖深化美國與亞洲國家之間的經濟整合、一方面連結經濟利益與安全利益。

　　美國認知到為確保在亞太經濟區域化趨勢中的經濟利益，並分享亞太經濟高速成長之利，其有必要在區域經濟組織中扮演領導角色。當柯林頓政府揭示建立新太平洋共同體構想時，即以在亞太經合會的參與為落實構想之基礎。(Cliton 1993/09/19; Christopher 1993)在 1993 年美國擔任 APEC 主事國時因而提出了三項倡議。首先，主導通過「AEPC 貿易投資架構宣言」(The Declaration on an APEC Trade and Investment Framework)，確立亞太經合會具體組織目標；第二、建立亞太經合會企業之制度性連結，倡議設立亞太企業論壇(Asia-Pacific Business Forum)，以俾私人企業對亞太經合會建言。1995 年美國進一步提出設立亞太經合會企業顧問理事會(APEC Business Advisory Council)，企圖建立直接管道使美國商界所關切的議題得直接左右亞太各國之經濟政策，有利美國在亞太的經濟利益；第三、倡議召開非正式領袖會議，不僅提高會議層級，也提升了 APEC 戰略地位。

第二節 後「風暴」時期中、日戰略競逐

　　1997 年 7 月泰銖大幅貶值後，印尼、韓國等多個東亞國家相繼出現金融市場失序，經濟表現衰退，進而造成區域性的經濟蕭條。除了經濟面效應之外，各國經濟成長中斷，包括泰國、馬來西亞、印尼、韓國幾個政權陷入正當性保衛戰。受創國政府無法遏止經濟危機的持續惡化，使國內政商網絡與既有權力結構皆受到衝擊。金融危機所帶來的政治動盪、社會失序等外部效應，衝擊各國內部安全，也掀起亞洲安全複合體風暴，[6]挑戰自亞太經合會成立以來美日領導的泛亞太經濟安全秩序。

　　針對金融危機及政經風暴的處理與回應，東協成員中的直接受創國對美國主導的 IMF 及世界銀行重建方案缺乏信心；非直接受創國則意識到東協本身的經濟整合不足以因應外力介入的經濟衝擊。東北亞各國因此認知到影響東亞整體區域經濟之要素早已是相通的。在金融危機尚未完全解除之際，1997 年 12 月東協即與東北亞中、日、韓三國舉行非正式高峰會，討論東亞合作之可能。1999 年舉行第三次高峰會，會後並發表《東亞合作共同聲明》(Joint Statement of East Asia Cooperation)，東協加三(ASEAN Plus

---

[6] 有關這次金融危機所引起的亞洲政經失序現象，作者稱之為「亞洲風暴」，相關討論請參考作者論著(Lee 2000)

Three)區域合作進程正式啟動。[7]其主要目的在加強政府間
合作，建構一個經濟安全網，以減少個別國家的經濟成長
及社會福祉受到區域景氣波動的影響。但東協加三推動的
不是一個區域經濟整合進程，亦非一個自由貿易區的建
立，而是一個多面向合作論壇，合作項目包括貿易投資、
貨幣金融、人力資源、科技、社會文化及政治安全等議題。

　　東協加三進程提供一個對話平臺，開啟中國與東協、
中日、中韓、日韓、以及中日韓等雙邊或複邊之互動機制，
不僅有利改善東亞各國關係，同時影響東亞整體政經發
展。除了合作議題超越經濟範疇之外，東協加三成員在 2000
年同意清邁倡議（Chiang Mai Initiative, CMIM），以既有的
《東協換匯協定》(ASEAN Swap Arrangement, ASA)與建立
《雙邊換匯協定》(Bilateral Swaps Agreements, BSAs)為基礎，
具體推動換匯合作，企圖降低金融危機再度爆發之風險。
至 2005 年 8 月，完成 17 件雙邊換匯協定簽署。2005 年東
協加三財長會議進一步簽訂《清邁倡議多邊協議》(The
Agreement of Multilateralism on Chiang Mai Initiative,
CMIM)，將原雙邊構想擴大為一多邊機制。

　　清邁倡議多邊化對區域整合及多邊主義之意涵不僅在
於提高區域合作關係的緊密度，同時也考驗日本是否能在
中國崛起的新區域形勢下持續扮演東亞經濟整合進程中的
領導角色。在原有的多邊架構下建立雙邊換匯安排，提供
日本一個擔任區域整合雁首的機會；(Hook 2002, 28)但 2005

---

[7] 有關東協加三初期發展，可參閱(Beeson 2003)、(Hund 2003))。

年之後的區域金融多邊架構，以共同外匯儲備基金運作方式，某種程度使中日在區域發展中領導權之爭機制化。中日分攤同額共同儲備基金，並共同決定其使用之決議，已反映中國大陸展現自信，與日本並列東亞經濟領導地位之勢。

後風暴時期的另一個重要發展是東亞區域意識(East Asia regional identity)萌芽。1998 年前韓國總統金大中在東協加三峰會中倡議成立東亞願景小組(East Asia Vision Group)，1999 年由學者專家正式組成，展開研究，並於 2001 年 3 月提交報告：《邁向東亞共同體：區域和平、繁榮與進步》(Toward East Asian Community: Region of Peace Prosperity and Progress)。針對此一報告，東協加三另由官方人士組成東亞研究小組(East Asia Study Group)進行評估，並在 2002 年提出最終報告，正式建議由東協為核心另外成立一個機制，以建立「東亞共同體」(East Asia Community)為目標。且不論這個目標是否成功落實，對於政治多元、經濟差異性大、歷史紛爭充斥的東亞而言，單就願意考慮接受這個目標本身就頗具政治意義。

東亞共同體概念雖被提出，但對所應依循之途徑則未達共識，直到 2004 年的東協加三高峰會中方定案。除東協加三原有成員國之外，擬邀請與東協有實質合作關係，並簽訂東南亞友好合作條約的對話夥伴加入。印度、紐西蘭、澳洲最先表示參與意願，2005 年 7 月東協加三部長會議確認這三國的會員資格，12 月首屆東亞高峰會於吉隆坡召開。會後發表《吉隆坡東亞高峰會宣言》(Kuala Lumpur

Declaration on the East Asia Summit)，確認戰略、政治、及經濟三大議題對話內涵。此等安排反映日本一貫立場，主張開放性架構，參與者不限東協加三國家，且合作面向不限經濟議題。

首屆東亞高峰會成功舉辦卻讓中國大陸原先以為穩固的領導地位受到挑戰。自 2003 年起中國大陸便開始積極佈局東協加三成為東亞合作最主要之管道，積極參與倡議及部長會議，並設置東亞智庫網絡(Network of East Asian Think Tank, NEAT)，作為研究東協加三合作項目的二軌機制。面對非東亞國家加入東亞共同體建構進程，中共強烈主張東亞高峰會與東協加三兩者必須並存，不得互相取代；並強調東協必須是推展東亞共同體的主要單位，而東亞高峰會僅是輔助組織。[8]在本身領導地位可能受到挑戰之後，中共轉而支持東協扮演規劃與協調的主導角色，以避免其他區域強權藉機得勢。

東協加三與東亞高峰會相容並存，一方面反映東亞地緣經濟結構在中國大陸崛起後，動搖日本領導地位之變化；另一方面也呈現中、日區域兩強之競爭局面。兩國雖未提出互斥排他的東亞政策，但分別的投入重點有所不同。東亞高峰會初期發展與日本首相小泉所規劃進行方向一致，包括一、確立日本東協基本合作框架，使其成為建構東亞共同體之基礎；二、藉東協加三框架，將中共及南韓納入東亞共同體；三、邀請澳洲及紐西蘭加入。而東亞

---

[8] 中方於 2005 年、2006 年東協加三高峰會中之發言。

高峰會初期的發展正是如此。

　　除了建制部分之外，在經濟整合概念上，日本提出東協加六構想。此與日本一向主張的共同成長型夥伴合作方式相契合，以擴張性投資貿易連動作為整合原則，而不以地域遠近為經濟整合之夥伴選擇範疇，納入在地緣上不屬於東亞的印度、紐西蘭、及澳洲。在日本的主導之下，2007年東亞高峰會之參與國成立東協與東亞經濟研究中心，2008 年 6 月正式運作，研擬東協加六的可行性以及區域整體經濟之發展趨勢，向東亞高峰會提出建議。

　　中日在東亞的競逐並非以結盟對抗的零合遊戲規則為基礎，而是發揮各自經濟影響力，爭取在區域多邊途徑中的戰略領導地位。對日本而言，長期以來主張開放區域主義，對中國大陸在東協加三中倡議自由貿易協定並不樂見。在東亞高峰會下倡議經濟夥伴則是跳脫貿易集團的作法，朝經濟夥伴的方向進行。在中共側重貿易、投資整合，而日本著墨於經濟發展與金融領域的領導之形勢下，與其說是中日競爭，不如說是中國崛起給由日本為雁首的東亞經濟帶來新整合方向。(Komori 2006)

第三節 亞太與東亞雙軌並進

　　從成員組成結構來看，亞太經合會成員涵蓋環太平洋地區，而東協加三與東亞高峰會則是由東協延伸出來的機制，成員國家皆有密切關係，有學者稱前者為亞太主義或跨區域主義,後者為東亞主義。(蕭全政 2001; 廖舜右 2011)除了地緣因素之外,兩大主義在成員及合作議題上多所重疊。以新自由制度主義觀視,泛亞太與東亞雙軌並存、且互不取代或趨向整合的情況下,區域成員得以在同時滿足個體與整體利益的前提下,參與相同議題但分屬不同軌道的區域合作進程的基本條件是在於各機制的制度設計與機制運作方式共通相容、且互不排斥之故。

　　綜整亞太經合會、東協區域論壇、東協加三、東亞高峰會四個分屬泛亞太與東亞區域進程的制度設計與運作模式之共通點,至少有兩大特色。分別是非正式諮商凝聚共識的論壇模式、以及隱形契約自願規範的政策協調模式。[9]

一、非正式諮商凝聚共識的論壇模式

　　在亞太各國互信基礎薄弱的情況下,以國際談判為前提的合作關係,恐怕在談判期間就會針鋒相對,反而會加劇成員之間的對立與不信任。因此,企圖建立具有法理約束力的合作方式,可能無法有效達到促進區域穩定、建構區域秩序之效果。借鏡東協自 1967 年成立以來,透過非正式諮商外交模式,建立成員彼之間的互信,似乎是避免直接利益折衝,啟動亞太區域多邊途徑的最適條件。可想而知,論壇模式並不是一個執行集體決議的功能性機構,而

---

[9] 本節討論部分修改自作者論著:(李瓊莉、徐斯勤 2005)

是一個有助於形塑區域行為規範，以用作共同關切問題之政策原則。機制本身的制度設計也不在以解決爭端或處理危機為目的，而是以凝聚共識、建立對話習慣、發展合作關係為主。

　　以亞太經合會為例，其目的在於以經貿自由化與便捷化、經濟技術合作為主要合作內涵，回應北美自由貿易區、歐盟等區域經濟整合對全球政治經濟戰略環境所帶來的衝擊。但各國的合作意願並沒有新功能主義建立超國家制度性整合及主權分享(pooled sovereignty)的期待，也沒有如歐盟的政治整合野心。東協國家與中國大陸強調國家主權、堅持不干涉原則，使得區域內國際組織僅能是諮商機制。亞太經合會的制度結構仍以個別會員體為主體單位，保留各會員體的自主性，以此作為建立合作關係之基礎。探究其因，除了各國政經制度與社會發展之差異性不易整合之外，冷戰遺留效應使亞太各國之間缺乏互信，不可能對區域合作做過多的承諾，因此歐洲整合模式與北美自貿區的條約模式，皆難以在亞太地區適用。相對於締約模式的承諾，非正式官方論壇對亞太區域各國而言，是較無負擔的合作方式，因而得以讓多元的會員結構開始運作，也成了探試亞太多邊外交的信心建立機制。

　　雙軌相容並存的區域制度特色源於兩者皆採「非正式諮商」、凝聚共識的政策協調運作模式。非正式諮商不僅是在各國缺乏互信下啟動多邊機制的有利條件，亦是各國戰略競逐互動中維繫機制持續運作的充分要件。其不具約束力的特質使各國得以跨越機制參與多軌區域建制，也使區域內的多邊機制在成員及議題上都具有高度開放性及重疊性。此一特質對區域安全秩序的意涵主要在於多邊主義的醞釀，也就是說，即使明知非正式諮商的運作模式不具法條模式的權利義務規範，各國仍將這些多邊論壇視為有利溝通的重要外交場域。當區域成員面對政經與安全利益不可分割的共同問題時，沒有國家可以不顧這些多邊論壇的討論及論壇成員所達之共識。

二、隱形契約自願規範的區域治理模式

論壇模式的多邊外交主要目的不在於透過談判或決議來解決爭端，對話或會議所產生的共識對與會國家並不具約束力，自然也沒有不作為處分。無制裁規範雖常使多邊外交機制的具體功能受到質疑，但在實踐的過程中卻經常出現會議結論有隱性契約之功能。針對沒有約束力的會議共識，各國得依個別國情而自行調整回應政策。此以非協議式的政策彈性，大幅提高了各國參與區域合作的意願。區域成員在互動過程中，對於已有共識的政策方針，通常不會坐視不顧。個別政府在國內層次多會進行政策研發，甚至作為政策目標，默默的朝區域共識努力。此一模式在亞太經合會運作中有諸多事例。

亞太多邊機制運作的彈性雖有別於強制性運作模式，但從經驗看出，沒有強制性承諾的集體共識仍受到會員的高度重視，其原因之一可能如 Keohane 所指出的，不論是否基於互惠考量，聲譽或道德原則似乎就足以確保成員的

履行承諾(compliance)。(Keohane 1990)這樣的「隱性契約」(implicit contract)是建構多邊主義之基礎,也是因應後冷戰時期亞太特殊戰略環境所產生的必要與必然結果。

當區域合作所涉及的議題擴大,尤其是涉及個別會員體經濟發展程度不一的能力建構議題時,單邊自願行為模式的彈性成為維繫合作機制運作的關鍵。若採約束性的契約模式,許多會員反而可能因無法履行承諾而離開。運作至今,「隱性契約」的默契通常是區域合作機制成長的基礎動力。也就是說,已經漸漸成為「事實制度化」(de facto institutionalization),此一現象與 1980 年代後期事實區域主義(de facto regionalism)在東亞的形成一樣。當時區域經濟網絡是東亞區域主義之基礎,不用明顯的協定及條約規範,仍持續深化區域成員之間的互賴關係。在「隱性契約」的彈性中,一旦設定區域目標(包括反恐及諸多非傳統安全議題),區域成員多會主動研發個別政策,視本身的主、客觀條件,作出政策回應。

亞太及東亞區域多邊合作機制成立之初皆定位為各會員之間為促進特定目標的「非正式政府間進程」(informal intergovernmental process)。進程論不僅意味著前面所指的不具約束力的論壇模式,同時也預留了整個組織架構發展的機動性。在區域整合的過程中,得以靈活增減合作議題、調整組織架構以及合作步調。也就是說,合作的目標清楚,但達到目標的路徑及時程則多依國際情勢變化有其機動性。此一議題及會員皆具開放性的特質,使亞太地區多邊途徑持續發展,對區域秩序之影響逐漸增加。

結語

不同於東歐及前蘇聯在後冷戰時期出現的政經失序現象,亞太情勢相對穩定。經濟區域化與安全區域化的交互作用使亞太安全議題多元化,同時,在經濟與戰略安全利益交錯影響下,各國難以界定敵我。區域國際關係朝向既合作又競爭的互動模式發展,互斥性的集體防衛體系因而變得不符合國家利益;相對的,概括性、全面性的綜合性安全合作模式是較能被各國所接受的。

在複合式互賴關係與安全複合體深化後,各國改變安全威脅認知,反思權力平衡與軍事嚇阻的區域秩序觀,並淡化軍事價值維護區域秩序的絕對性,進而願意尋求非軍事、非對抗的因應方式。在既有的單邊、雙邊、以及全球途徑之外,區域成員透過區域合作進行政策協調,共同處理所面對的綜合跨國性安全挑戰,逐漸形成區域制度為基礎的多邊秩序。

本章概論了 1989-2008 年間亞太區域多邊主義發展。相較於歐盟超國家主義區域整合模式、或北美自由貿易區的條例式區域協定,亞太經驗以非正式諮商為推動合作的動力,沒有讓渡國家主權適法性問題,可謂「軟性區域主義」(Soft Regionalism)。[10]非正式諮商的政策彈性、共識決的

---

[10] 有關軟性區域主義之討論,請參考(Acharya 1997b; Frankel and

平等性,加上進程論的開放性使得亞太區域秩序的多邊途
徑建立在一個非強制性、不具約束力的非法制基礎上。在
缺乏對於不作為或違反決議有所制裁的制度設計中,多邊
途徑對區域秩序的意涵不在於以法理為基礎的規範嚇阻,
而是以論壇外交為管道的隱形契約。

Kahler 1993)。

第三章
集體衝突預防概念與措施

　　「衝突預防」泛指防範政治緊張升高發展為武裝或暴力衝突的多面向作法。其研究主體是武裝衝突發生前的緊張情勢，以及相關行為者預防緊張情勢升高至武裝衝突的作為。集體衝突預防則側重多邊途徑的探討，尤其是國際組織或區域組織等常設性多邊機制所採取的相關措施。

　　二次大戰後，聯合國憲章開宗明義即揭示「集體安全」（collective security）的「衝突預防」概念，視單一國家對任一個會員國的軍事侵略為全體會員的公敵；強調以集體措施防範並移除對世界和平所造成的威脅，[1]此一原則賦予國際暨區域組織採取衝突預防措施的正當性。

　　聯合國架構下的衝突預防任務多依個案情境不同而設計，多屬於政策趨動而缺乏理論基礎。在當前日益互賴的全球暨區域體系中，戰爭與和平兩極狀態之間各國大多存在著衝突與合作的交錯關係。而國際關係或戰略研究中，戰爭與和平、衝突與合作常被視為兩組對立的概念；如何預防衝突演變成戰爭、如何發展合作奠基和平，兩者在安

---

[1] 聯合國憲章第一條第一款、第二條第三款。

全研究與和平研究中一直是主要課題，「衝突預防」一詞因而一直在兩者間通用。但兩個研究典範對國際秩序及國家行為有不同假設，對衝突與合作的形成與發展也有不同的解釋，對衝突預防措施的具體建議，包括適用範疇、工具手段、行為主體、及時間數列等概念要件自然並不相同。

　　本章第一節先闡述聯合國架構下，政策驅動的衝突預防概念之演變。第二節再討論安全與和平研究領域，基於不同基本假設，所各自偏好採用的衝突預防措施。第三節則依亞太區域建制特質，建立一集體衝突預防分析架構。

第一節　聯合國與集體衝突預防概念

　　聯合國以安全不可分(security indivisibility)為原則，推動集體安全，但並不主張以集體防衛的軍事行動對抗破壞國際和平的公敵。憲章中對「使用武力」(the use of force)加以規範，並列舉和平手段，[2]以防範軍事武裝衝突的發生或再發生。冷戰期間聯合國祕書長 Dag Hammarskjold 推動預防外交(preventive diplomacy)，主要目的在防範地域性衝突延伸為美蘇超強間的軍事衝突。聯合國維和任務則成功的在蘇伊士運河、黎巴嫩、及剛果扮演調解者(mediator)角色。(Hammerskjold 1965, 405)冷戰後，聯合國祕書長 Boutros Boutros-Ghali 在 1992 年首次應安理會高峰會要求所提出的

---

[2] 聯合國憲章第 33 條。

報告《和平議程》(An Agenda for Peace)中，界定後冷戰時期的預防外交任務為：防範爭端產生、防範爭端演變為衝突、防範衝突擴大等目的的外交手段。但最主要的精神是企圖在爭端發展為武裝衝突之前就能化解，其主要舉措則是在各造之間建立信心、以及蒐集資訊用以預警分析、事實調查等。(Boutros-Ghali 1992, 11)

　　後冷戰時期，一連串發生在「失敗國家」（failing states）中的大規模種族屠殺，包括 1991-1992 年間克羅地亞(Croatia)、1992-1995 年間波斯尼亞和黑塞哥維那(Bosniz-Hercegovina)、1992-1993 年索馬利亞(Somalia)、及 1994 年盧安達(Rwanda)等，改變國際安全研究範疇，國際社會與國際組織開始反思在西發利亞國家體系(Westphalia State System)中，主權不可侵犯的原則下，國際社會如何突破「不干涉原則」(non-intervention principle)，使國際組織得以第三者身份介入國內武裝或暴力衝突。依實務所需，大量相關研究在此時產生，[3]使聯合國架構下的衝突預防概念，除了適用在國與國之間的「預防外交」之外，亦被廣泛的運用在預防及管理國內武裝或暴力衝突上。

　　聯合國在衝突預防的角色及功能界定受卡內基「預防致命衝突委員會」(Carnegie Commission for Preventing Deadly Conflict)之 1997 年報告影響很大。該報告認為衝突並非不可

---

[3]　如(Cahill 1996)、(Carneigie Commission 1997)、(Cousens 2004); (Hampson and Malone 2002)、(Lund 1996)、(Stedman 1995); (Wallesteen 1998)。

避免，而預防衝突的發生不但有其急迫性，更是可能而真實的。報告中主張聯合國以養成衝突預防文化為目標，積極介入教育，而非在衝突發生後再進行補救。G8 也在 1999-2000年通過 Miyazaki 倡議，強調綜合性衝突預防概念，[4]但在執行上顯然有所困難，模糊了衝突解決的初衷，同時在建制上亦未賦予聯合國執行的能量。(Luck 2002)

　　有鑑於此，聯合國祕書長安南在 2000 年提出《千禧年報告》，將以往任務性的短期預防措施，改變為朝追求長期衝突預防效果的各種進程，作為聯合國在國際安全議題方面的新選項。(Annan 2000)此般發軔將政策宣言的浮泛辭令，轉化為務實的措施與策略。[5]安南在 2002 年再提出《武裝衝突預防》報告(Prevention of Armed Conflict)，其中強調衝突預防的目標應是一種文化養成，由各國與公民社會扮演主要角色，而聯合國與國際社會則應支持協助。聯合國更應強化各種子機構之間的功能及運作協調，將衝突預防主流化。(Annan 2002)其同時進一步鼓勵學界發展衝突預防的理論概念，在個案中找出通則，以策略思維選擇衝突預防措施，而非臨時性的因應預期惡化的問題。(Carment and Schnabel 2003b)

　　聯合國祕書長 Boutros-Ghali 在 1992 年的和平議程中已提出預防外交旨在衝突暴發之前就解決爭端，因此，著重

---

[4]　G-8 Communique, Okinawa, Japan, July 23, 2000; G-8 Miyazaki Initiatives for Conflict Prevention, G-8 Foreign Ministers' Meeting, Miyazaki Japan, July 13, 2000.

[5]　有關聯合國在 1990 年代後期之衝突預防倡議，可參考(Kanninen 2001)。

在建立信心、掌握情資用作預警、及正式與非正式的事實調查等。美國和平研究中心(United States Institute of Peace)在 1994-1995 年進一步研究「衝突週期」(conflict cycle)，繪製衝突週期圖(圖 3.1)。(Lund 1996)其建議在衝突的每個發展階段，國際社會應有不同的對應策略。預防外交等同於衝突預防，係在爭端各造處於「不穩定和平」(unstable peace)關係狀態下，預防衝突往下一個階段發展成「危機」所應採取的行為。此一界定縮小了預防外交在衝突週期中所適用的範圍，亦增加了衝突預防課題的可研究性。所謂「不穩定和平」狀態則是指各造之間存在緊張關係，但暴力或武裝衝突或尚未發生、或間歇性發生；在這個階段，各造並未排除使用武力的可能性，軍事嚇阻或權力平衡等策略仍預期奏效。而下一個衝突發展階段則是危機，所指的則是各造隨時準備使用武力因應偶發威脅的狀態。

　　衝突週期論似乎暗示衝突落幕後必然有再發生的可能，真正的衝突預防似乎應該達到防止衝突的再發生(recurrence of conflict)。全面性(holistic)衝突預防概念因而興起，在操作上分衝突前(pre-conflict)、衝突中(in-conflict)、以及衝突後(post-conflict)三階段。在衝突中執行和平(peace enforcement)的維和任務(peacekeeping)及衝突後的和平重建(peace-building)皆納入衝突預防概念之中。預防行動應包括預防暴力衝突的出現、防範進行中的衝突擴散、及防範暴力的再發生。(Carnegie Commission 1997, xviii)

圖3.1 衝突週期圖(Lund)

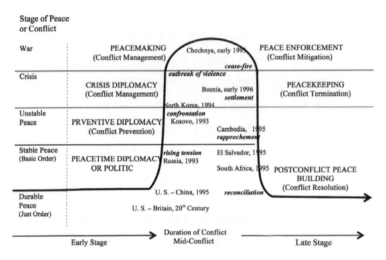

Source: Preventing Violent Conflicts: A Strategy for Preventive Diplomacy, by Michael S. Lund, 1996, P38

　　然而，如此界定衝突預防概念很容易就將所有促進和平的倡議及政策都列入考慮，結果使得實際執行任務者可能未必具有衝突解決之訓練，執行上脫離衝突解決之旨趣。(Moolakkattu 2005, 3)但廣泛的定義卻可以發展出一個放諸四海皆可使用的衝突預防概念，適用於每一個衝突發展的階段(phase)。(Carment and Schnabel 2003b)此外，也有學者主張衝突預防的理論發展與實踐範疇應務實的針對武裝衝突早期階段所實施的預防手段，(Ackermann 2003; Lund

2002)而將衝突中或衝突後的和平建立過程(peace building process)分別歸類為不同研究課題。若能在暴力或武裝衝突升高之前就化解衝突,則所需的時間及資源遠較衝突後的重建或維和來得少,成功的機率也較大,因此,早期預防的工作應當是衝突預防的主要階段。(Annan 1996, 188)

不論「衝突預防」概念適用於衝突週期中哪個階段,衝突預防任務都是在「沒有軍事武裝衝突正在進行」的狀況下採取行動。(Swanstrom and Weissmann 2005)其操作概念與危機管理(crisis management)或停戰調解有別,換言之,衝突預防所要處理的是各造仍處於政治緊張、但具潛在軍事或武裝衝突的情況。並不是在處理武裝衝突一觸及發的危機狀態、或調解終止進行中的軍事武裝衝突的行動、也非衝突後的重建及永續和平的建構。若依 Lund 所發展出的衝突週期模式(圖 3.1),或由 Swanstrom and Weissmann 所修正後的模式(圖 3.2),(Swanstrom et al. 2005, 24)本研究所要探討的範疇係在上坡面的下半部,而非峰頂的維和行動或下坡面戰後重建階段。

第二節 研究視角與衝突預防措施

就具體措施而言,聯合國憲章所主張的途徑是屬於「梯度衝突預防步驟」(ladder of conflict prevention)。(Wallensteen 1997, 4)首先是建立早期預警系統(early warning),針對衝突前兆所出現的警訊進行情資搜集並分析;第二、由聯合國本

身或其他組織前往爭端區域，實地進行事實調查任務
(fact-finding missions)；第三、依聯合國憲章第三十三條的八
項措施：談判、詢問(enquiry)、調解、調停(conciliation)、仲
裁、司法途徑等；第四、派遣維和任務(peace-keeping operation)
與預防部署(preventive deployment)；第五、依憲章第七章，
使用非武力的強制性措施(coercive measures)，例如經濟制裁
(sanctions)；第六、依憲章第七章威脅使用武力；最後不排
除使用軍事力量為後盾，(Wallensteen and Moller 2003, 12)。
以上提及的「預防性」步驟，目的在防止既有的政治緊張
進一步被擴大，然而每一步驟雖都有其階段性任務，但卻
缺乏長期安排的預防性策略。

　　有鑑於此，衝突預防概念研究朝向探索最佳模式，強
化其操作性，精進任務取向的臨時性(ad hoc)概念。理想狀
況下，衝突預防概念應是得以兼納國家政策(statecraft)與強
制性外交的長期策略，而非針對特定衝突所產生的即時因
應政策。(Carment and Schnabel 2003)從長期的預防策略來
看，針對衝突早期(early stage)發展所採取的預防措施，可分
為結構性預防措施(structural prevention measures)與直接預
防措施(direct prevention measures)兩大類。[6]前者從結構上改
善政治緊張的安全環境，透過長期計劃，使敵對雙方改變
安全認知，根除衝突的來源；後者主要目的則在於防範已
逐漸升高的政治緊張惡化為武裝衝突，用於直接防止武裝

---

[6] 前者或稱為間接性預防措施(indirect prevention measures)；後者
　或稱操作性預防措施(operational prevention measures)。

衝突爆發的舉措，然對於根除衝突並不一定有效。
(Wallensteen 1998)前者通用於穩定和平的情境，後者則較多
適用於各造關係開始出現關係緊張的不穩定狀況。
(Swanstrom et. al. 2005)Swanstrom 等人從「預防安全」
(preventive security)概念出發，進一步修改 Lund 的衝突預防
週期圖為圖 3.2。

圖 3.2　衝突週期圖(Swanstrom)

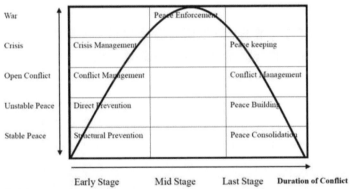

Conflict Intensity Level

War	Peace Enforcement	
Crisis	Crisis Management	Peace keeping
Open Conflict	Conflict Management	Conflict Management
Unstable Peace	Direct Prevention	Peace Building
Stable Peace	Structural Prevention	Peace Consolidation
	Early Stage　　Mid Stage　　Last Stage	**Duration of Conflict**

Source:

Conflict Prevention and Conflict Management in Northeast Asia, by Swanström,Weissmann
& Björnehed (Central Asia-Caucasus Institute Silk Road Studies Program, 2005, p24).

　　在操作層次上，衝突預防措施通常取自國際社會成員
共同認可，具正當性之「工具箱」(tool box)。(Carnegie
Commission 1997; Malone and Hampson 2001) 大致可分軍

事途徑、非軍事途徑、及發展與治理途徑三大類。(Lund 1996)
然而個案中,對於如何從既有的工具箱善選可行且適用的
措施,則因對衝突本質的看法不同,所採取的方針與對策
亦不同。

　　1998年聯合國秘書長安南採納卡內基預防致命衝突委
員會的研究建議,呼籲建立預防文化(culture of prevention)。
在直接預防措施方面,主張透過預警系統、預防外交、預
防部署(preventive deployment)、及人道行動(humanitarian
action)在第一時間化解衝突;至於結構性預防措施方面則包
括預防裁軍(preventive disarmament)、發展、及建和
(peace-building)等。 (Annan 1998)預防文化是一個綜合性衝
突預防概念,包括經濟、社會、教育等全面預防。

　　預防文化養成的理論基礎源自理想主義與自由主義結
合的國際主義(internationalism),是從和平研究角度所設想
的衝突預防措施。傳統和平研究可追溯回1950、1960年代,
當時一連串研究機構的創立,與安全研究之間有其互補
性。(Dunn 1991)兩者皆以減緩緊張情勢為研究目標,但對
達到目標的方式有所分歧。和平研究者認為不應僅以嚇阻
來防範戰爭,而應以社會經濟等非軍事手段積極改善緊張
情勢,以創造和平達到衝突預防的目標,(Burton 1962,
Galtung 1969)其強調改變衝突環境,根除衝突原因。冷戰後
的和平研究更是強調以和平的方式達到和平,已經將使用
暴力從策略中排除。(Galtung 1996)

　　國際主義主要理論假設為:和平主張是人類所追求的

自然狀態，(Carnegie Commission 1997)因此致命的暴力衝突中將得以解決。(Wallensteen 2011)[7] 據此，預防措施不必僅限於以管理或維持無戰事現狀為目標，而是可以進一步設法改變現狀，(Dunn 1991, 64)從無實質暴力(physical violence)的負向和平(negative peace)邁向無結構暴力(structural violence)的正向和平(positive peace)。(Galtung 1969)因此，自政治緊繃情勢演變而來的衝突是可以經由和平手段解決的，而達致國際和平的過程中具有正面意涵。

為規避即將發生的衝突危機，和平研究論者所主張的直接衝突預防措施，由早期預警(early warning)與早期回應(early responding)兩者相輔相成。早期預警意指針對高風險地區有系統地蒐集並分析各種情報資訊，並機動提供爭端各方政策選項；早期回應係指依早期預警系統所獲取的情資及分析，爭端各方即時並針對問題做出回應，以防止暴力衝突危機化。其行動選項包括：實情調查(fact finding)、監視任務(monitoring)、談判、調解斡旋、以及雙（多）邊對話等。(Lee 2010)

早期預警研究之目的在及早發現潛在衝突，並了解其原因與動態。為了達到此等目的，發展「偵測工具」(detection tools)一直是研究重點。然而往往在偵測到衝突預警之後，未能即時回應，又成為當前衝突預防的主要絆腳石。因此，

---

[7] Peter Wallensteen 在 *Understanding Conflict Resolution* (London: Sage, 2011)書中例舉衝突個案，證明衝突各造在衝突演變的過程中，階有進行談判解決衝突的情形出現。

更近期的研究，則顯著地將其著眼點由「預警」轉換到「回應」，致力於發展出可實行的衝突預防能力，套用「終端使用者方法」，將此概念擴及國家／組織層面，試圖預防、處理衝突的情境。(Van de Goor and Verstegen 1999)「有效回應」有賴周延的國際組織建制與國際規約，否則非爭端國或國際社會行為者介入「回應」行動的正當性將受到質疑。

就結構性衝突預防措施而言，從國際主義者的角度觀之，衝突預防的任務，並不只是針對潛在危機臨時的反應，而是長期前瞻性策略擬定，為創造更加穩定、更加可預測的國際社會安全環境提供條件，換言之結構性衝突預防策略由衝突可能發生的根源處著手。在許多案例當中，國際衝突的潛在肇因乃來自各國之間不同的經濟、政治、或文化系統差異。國際主義者希冀經由洞察先機的行動發軔，不靠動用武力來縮小上述不同差異。其主張真正的「和平」應包括政府的有效治理、增加社會能力、提升人權與社會經濟穩定、以及公民團體之建立。

國際主義打破主權疆域的理想狀態在國際現勢中不易實現，安全研究則從不同的理論假設來看衝突預防問題，從安全研究視政治緊張與潛在國際衝突為國際社會運作的常態，但可以透過不同手段加以防範，包括軍事手段。冷戰時期的傳統安全思維中，軍事手段是嚇阻武裝或暴力衝突發生的手段之一。戰略暨安全研究在處理美蘇核武對峙問題時，強調先發制人(pre-emptive action)的核子嚇阻(nuclear deterrence)策略。(Wallensteen 1998, 1) 軍事預備成為預防軍事衝突的關鍵，而不是用作迎戰的工具，軍事力量用以嚇阻衝突產生的功能似乎被正當化。然而，嚇阻策略易導致安全困境(security dilemma)，在擴張武力、保全國家安全利益的同時，反而導致衝突升高，戰爭發生的風險也隨之提高，因此唯有當進行軍備競賽的國家都疲於面對安全困境後，衝突預防概念才有可能浮現。

　　國際裁軍等安全建制即是一個回應安全困境的產物。(Jervis 1982)但所謂的「預防防禦」(preventive defense)則不必然可以脫離安全困境。預防防禦的三步驟為：防範威脅出現、嚇阻已形成的威脅、以及消除無法防範或嚇阻的威脅。(Perry 1996, 65)此一針對威脅的單邊防禦概念，若共通使用於國際社會，則易陷入另一波的安全困境。從風險評估與成本利益計算的現實角度解析安全困境後發現，當涉入安全困境的國家感受到政治態勢越顯緊繃，戰爭風險持續增加時，願意接受直接預防措施的意願可能就隨之提高。相對地，若國家之間僅是戰略競爭，不致於有立即導致戰爭爆發之風險，則結構性衝突預防策略較易被接受。

　　就直接預防措施而言，為緩解緊張情勢，減少因誤解或衝動導致武裝衝突爆發的首要之務是建立常設性信心建立措施（Confidence Building Measures, CBMs）。廣義而言，各種有助於提升互信以改善現狀的政治意願之行為措施，包括定期對話諮商、交換情資、提升政策資訊透明度等。再者，透過常設性機制，如國際組織或區域組織，建立預防性的外交策略準則。成員間彼此同意在緊張情勢升高時採取一定的具體步驟，防止武裝衝突發生。(Lee 2010)例如，爭端當事國之間建立直接對話熱線、邀請第三方居中斡旋協調等。

就結構性預防措施而言,新功能主義主張透過發展長期合作關係來營造共同利益,並期待外溢效應,改變當事國之間的政治安全利益結構,以及彼此對安全環境的認知。若處於政治緊張的各造,願意在軍事議題以外進行功能性合作,就有可能改善彼此的關係結構,使原以軍事遏阻與權力平衡為基調的關係,朝向具有合作性質的功能網絡前進,增加單方面破壞功能性合作網絡的代價,使維持合作現狀成為利益均衡點。

綜合比較安全研究與和平研究典範中的衝突預防概念,前者以新自由制度主義理論假設為基礎,認為國家是理性行為者,在追求利益擴張的同時無法避免國際衝突,但透過國際制度或國際合作可以預防武裝衝突爆發;後者以國際主義為理論基礎,認為國際和平是人類追求的自然狀態,透過預防文化的養成,和平是可以達成的。前者以軍備回應安全威脅帶來安全困境,導致戰爭風險;後者不對備戰動作有所回應,而是以積極主動(proactive)的維和(peacekeeping)及建和(peacebuilding)任務來處理持續演進的緊張情勢,將「回應而導致戰爭的文化」轉變為「預防戰爭發生的文化」。(Schmid and Anderlini 2000, xii, 89)

個別國家、公民團體、非政府組織、以及國際組織在推行衝突預防的實務中經常扮演第三者的角色。安全研究或和平研究兩個領域都對第三者的衝突預防角色有所著墨。一般而言,第三者可扮演主持中介、斡旋、促進推動、以及仲裁等角色。對國際主義者來說,衝突預防策略的首要執行單位是第三者，而非爭端各方。(Wallesteen 2007) 國際社會對於爭端的介入須正當有理，完善國際衝突預防建制是有必要的。(Carnegie Commission 1997)但對於安全研究者而言，主權至上的不干涉原則仍偏好爭端當事國(或利害相關行為者)自行執行衝突預防措施，第三者只能扮演無強制性的遊說或促和的角色。

表 3.1：衝突預防概念在安全與和平研究領域之比較

	安全研究	和平研究
理論基礎	新現實主義、 新自由制度主義。 理性選擇、 成本—效益計算	理想主義、 國際主義。 衝突預防文化、 根除衝突來源
直接性 預防措施	信心建立措施 預防外交	實情調查任務、 早期預警系統、 早期回應系統
結構性 預防措施	政經、安全等領域之功能 性合作	縮小爭端各造之間政經差 異性之措施
第三者 角色	中介斡旋、 推動促進、	執行者

資料來源：作者修改自(Lee 2010, 23)

　　雖然在卡內基委員會的報告中將直接預防措施與結構

預防措施依時序(timing and sequencing)分開論述,且認為直接預防措施適用於武裝衝突暴發的前夕,無關根除衝突的肇因;而結構性措施則在處理衝突的根本原因,但就實際操作而言,何時才是衝突暴發點之前夕難以界定、何時又才是啟動直接預防措施的時機?而這些時間點上的爭辯並無助於衝突預防研究。相對的,發展一個長期運作的常設性機制或模式,綜合此兩大類的預防措施,同時因應即時的衝突引爆危機及長期的結構暴力,依所因應的問題來界定及設計兩種預防措施,而非依適用的時序來設計。[8]

當前衝突預防研究已逐漸結合安全研究與和平研究理論基礎,發展建設性預防措施,不再拘泥於結構性或直接預防措施之分。衝突預防任務一方面是防範陷於政治緊張關係的各方威脅、使用、或散佈(diffusion)使用武力的建設性行動(constructive actions);另一方面也正視爭端中安全威脅的潛伏性,在平時即提出建設性方案以降低使用武力的風險。(Wallensteen 1998, 11)對於有關執行衝突預防任務的行為者,Lund 在 2002 年的論著中不再僅指「第三者」(the third party),而是包括安全研究中所主張的爭端各造,認為任何結構性手段有助防範國際爭端或緊張情勢升級為暴力或武裝衝突、強化當事國和平解決衝突的能力、以致逐漸減少爭端與緊張的基本因素皆是衝突預防的範疇。(Lund 2002, 117, ftn. 6) 此外,即使是側重中長期的前攝性衝突預防策略,包括直接或結構性措施,不限特定行為者而強調

---

[8] 此說亦見於(Siram and Wermester 2002).

多元性，此等國際主義主張仍期望透過衝突預防任務，修正爭端各方對其安全環境之認知，以建構一個穩定可預期的安全秩序為目標。(Carment and Schnabel 2003, 11)

第三節 亞太集體衝突預防分析架構

聯合國憲章第八章已賦予區域組織得代理聯合國對於區域衝突採取行動，以俾維持國際和平與安全之任務。有學者則認為聯合國憲章給予的這個功能性任務已使區域組織成為全球秩序建構的和平之島(islands of peace)，或稱和平之磚(building blocks of peace)。(Nye 1968; Nye 1971, Haas et al. 1972)冷戰後，聯合國秘書長 Boutrous Boutrous Ghali 指出單賴聯合國本身的維和任務其效果有限，聯合國必須與區域性組織合作，而區域國際組織在區域秩序及全球秩序建構中所扮演的角色更是重要。(Boutrous Ghali 1992)經過聯合國前後兩任秘書長 Boutros Boutros-Ghali (1992-1996)及 Kofi Annan(1997-2006)的持續推動，衝突預防已從原有的外交辭令(rhetoric statements)，變成為許多全球或區域國際組織的主流任務(mainstreaming)。[9](Schnabel and Carment 2004)

研究區域組織或建制的衝突預防角色，除了探究可行

---

[9] (Schnabel and Carment 2004)兩冊專書針對這個主題有較完整探討。

性(feasibility)之外，[10]必須與區域安全環境、衝突本質、及區域建制本身特質連結，才能更務實評析區域組織所能扮演的衝突預防角色。本章前兩節所討論的衝突預防概念與措施多從全球通則觀視，至於在亞太地區之適用性，則自然受到諸多區域安全制度建構特質所限制。

　　首先，就區域安全環境特質而言，亞太安全互賴關係因經濟區域化而深化。除了傳統源於地緣政治、歷史因素、主權領土紛爭等安全考量之外，尚有經濟與社會互賴深化後所引起的跨國綜合性安全問題。區域成員不僅共同面對可能爆發武裝衝突的緊張情勢，同時也共同面對無法指認(unidentifiable)的跨國性安全威脅。區域組織在建構安全秩序的角色上，除了防範緊張情勢升高為武裝衝突之外，對跨國性安全威脅的集體回應亦是穩定區域安全秩序的重要一環。也就是說，亞太特殊的安全環境，區域安全秩序建構的多邊途徑內涵，應同時涵蓋武裝衝突預防與跨國性安全威脅預防。

　　在衝突預防措施選項上，亞太多邊機制受限於東協模式的運作基調：非正式諮商的論壇特質給予個別成員在政策回應上有高度彈性，且達到共識的結論不具法理約制效力，執行衝突預防措施因而需要高度政治意願。尤其是國際主義所主張的衝突預防措施選項，通常涉及長期駐點，例如實情調查、早期預警、早期回應等直接衝突預防措施。在以國家為中心、主權至上的東協模式下，當事國必須調

---

[10] 有關可行性之討論，參考 (Carment and Schanabel 2003a)。

整對不干涉原則的認知,甚至特殊的措施設計方可能實行。為了有效執行衝突預防措施,強權強勢作為常成為界定集體行動的正當性和確保適時有效執行的關鍵條件,但不免帶有強權利益,未必是真正針對實際衝突特質所擬訂的衝突預防措施。(Moolakkattu 2005) Lund 對衝突預防任務進行評估時,有關第三者介入的時機及多面向性,亦強調強權的支持及各造領導人接受調停的意願及無私的配合程度。(Lund 2002, 85-87)

在亞太各國充滿高度異質性、缺乏互信基礎的安全形勢中,等待這些衝突預防任務的先決條件成熟與任務本身一樣難達成。然而,若是從新自由制度主義觀視,探討制度最初設計的動機與之後演變的共識,可以一窺區域成員對集體衝突預防途徑的承諾程度,以及持續發展並接受約制的政治意願。因此,本研究則從建制面切入,從制度設計與演變脈動探究各多邊機制在亞太特殊的安全環境及建制特質限制中,如何實踐衝突暨威脅預防概念與措施。

可以確定的是,在東協模式的共識原則下,可行的亞太集體衝突預防措施,必須是不具強制性、且基於各造善意所採用「非限制性措施」(non-constraining measures),主要所指便是「外交」手段。(Munuera 1994, 3)雖然在處理國際衝突時,軍事力量及其他強制性外交手段不免被用作預防外交之後盾,(Jentleson 2003)但也有學者直接將衝突預防等同於預防外交,界定預防外交為:避免國家或團體(groups)威脅或使用武力,或其他強制性方式來平息(settle)引起國際經濟社會政治不穩定的政治爭端時所採取的行動。(Lund

1996, 37)此定義已排除使用武力的可能性，尤其在冷戰之後，預防措施研究多朝常設性、前攝性(proactive)、及合作性等長期發展探索。

　　表 3.2 大致列出亞太地區可行的措施，作為之後章節分析參考。

表 3.2　亞太集體衝突預防措施

	武裝衝突預防	安全威脅預防
直接預防措施	信心建立措施 預防外交	非傳統安全軍演
結構預防措施	功能性合作 （不限安全議題）	訓練及能力建構

資料來源：作者自製

　　對於亞太集體衝突預防的效應評估指標，自然必須以各多邊機制成立的目的為基礎，本研究所擬探究的範疇如緒論中所述，在於多邊機制對維持自亞太地區冷戰結束後的無戰事現狀，並不必然是為解決各國長期累積的政治緊張或領土衝突；而在威脅預防上，則在尊重各國主權的前提之下，以合作安全概念為基調；多邊途徑係指透過常設性區域機制的政府間政策協調(coordination)，而不是超國家的協作(collaboration)機制。

　　然而，在評估衝突預防效應上有其操作性困難，一旦有武裝衝突發生，長期運作的直接衝突預防措施是否就應被批評為沒有效果呢？若緊張情勢趨於緩和，或造成衝突和緊張情勢的原因解除了，是否就一定是源於結構性衝突預防措施呢？其實不然，衝突環境的改善可能源自其他因素，而並非因特定衝突預防措施所產生的效果，因此衝突預防研究無法用因果關係(causality)呈現。這個研究困境更加使得新自由制度主義應被重視，在共識決的遊戲規則下，制度的演進與變化可以看出區域成員集體調整的意願，是區域衝突預防秩序建構的要件。

　　機制本身的執行效率(effectiveness)及其在面臨挑戰時的復甦力(resilience)常被用作評析特定機制之運作與功能。(Hasenclever et al. 1997, 2-3)然而評估指標常依其成立宗旨與制度設計所預設之目標而定，Nye 在早期論著中曾以區域整合程度評量區域主義對和平營造的影響，提出體制整合、政策整合、態度整合、及安全共同體四個指標；(Nye 1978)而 Shulz 與 Tavares 則利用類似的方法提出區域和平、區域干預等概念來評量區域組織。在他們的分類中，有共識的區域多邊干預(regional plurilateral intervention)似乎最適合用於評析亞太區域機制之基準，也就是說所有成員國獲得一致共識後，區域組織方能進行干預。(Shulz and Tavares 2006)在此先天限制下，共識決所產生的制度調整，即使是些微調整都可能是克服單邊否決後的成果，也是集體衝突預防實踐往前推進的一步，因此在本研究評析中也都將其視為觀察重點。

結語

　　本章從聯合國衝突預防概念的發展與演進開始討論，再從安全研究與和平研究不同的理論假設探討兩大典範發展出的衝突預防措施，並依亞太區域建制特色與安全情勢提出亞太集體衝突預防分析要素。

　　雖然聯合國與區域組織衝突預防合作的正當性無慮，但因亞太區域組織有其獨立發展歷史，並非全球國際組織之分支，諸多建制本質上的差異使得聯合國所主張的衝突預防措施無法直接套用於亞太地區。最明顯的困境便是對國內衝突的處理原則不同，聯合國架構下的「衝突預防」概念實踐，除了適用在國與國之間的「預防外交」之外，亦被廣泛的運用在預防及管理國內武裝或暴力衝突上，且成功的案例多是國內衝突預防。而在亞太地區則受區域情勢與各國堅持主權及不干涉原則所限，除非當事國或衝突各方邀請外來第三者之介入，否則不論是聯合國或其他國際組織都難以將衝突預防任務合法化。

　　值得注意的是，即使爭端當事各方同意亞太區域組織介入衝突預防，亞太區域機制本身組織設計是否有足夠能力(capacity)，則仍有待商榷。基於各區域機制設立目標與運作模式，亞太區域組織短期內恐怕尚無法直接介入一國境內衝突預防任務。

第四章
亞太集體衝突預防之實踐

　　1992 年東協高峰會決定透過東協擴大外長會議 (Post-Ministerial Meeting, PMC)，開始與其對話夥伴展開政治安全諮商對話。1993 年 PMC 接受東協智庫聯盟(ASEAN Institutes of Strategic and International Studies, ASEAN ISIS)[1] 以及日本外長中山太郎(Taro Nakayama)的建議，成立東協區域論壇。廣邀非東協成員之亞太安全利害關係國，共同討論共同關切的區域安全問題。1994 年東協區域論壇第一次會議在曼谷召開，創始成員國包括東協當時的 6 個成員國(菲律賓、印尼、馬來西亞、泰國、新加坡、汶萊)、7 個對話夥伴(日本、南韓、美國、加拿大、澳洲、紐西蘭、歐盟)、兩個諮商夥伴(中國、俄羅斯)、以及 3 個觀察國(越南、寮國、巴紐)。之後東埔寨、印度與緬甸、蒙古、北韓、斯里蘭卡、東帝汶、巴基斯坦加入，目前共有 27 成員國，成為當前在成員組成上最符合概括性原則的亞太區域安全合作機制，

---

[1] 東協智庫聯盟成立於 1983 年，一向頗受官方重視。冷戰結束後，與非東協國家智庫展開對話，針對亞太新格局研擬區域安全合作概念，向東協官方獻策。

是亞太集體衝突預防研究之主體。

　　本章以第三章所討論的衝突預防概念，分析東協區域論壇自成立到 2009 年 7 月確立願景宣言的 15 年間，在組織設計與議事功能上的集體衝突預防實踐。第一節討論東協安全思維變化及其衝突預防外交文化，以瞭解東協區域論壇之成立與運作基調；第二節從組織設計及發展分析東協區域論壇之衝突預防措施；第三節評析東協區域論壇衝突預防之實踐。

第一節 東協安全思維與衝突預防原則

　　1963 至 1966 年之間，東南亞情勢因馬來西亞分別與菲律賓以及印尼間的雙邊領土紛爭而出現緊張。[2]印尼蘇卡諾(Sukarno) 採取所謂的「衝突政策」(Konfrontasi)，挑戰馬國政府在婆羅洲 (Borneo)及砂拉越(Sarawak)之合法性與正當性；雙方對峙直到 1967 年印尼蘇卡諾政府垮台後出現轉機。新總統蘇哈托(Suharto)改變政策，逐漸與馬來西亞進行和解，兩國並且同意將和解精神區域化，共同推動成立一個區域衝突預防機制。(李瓊莉 2010b, 6)印尼、馬來西亞、

---

[2] 主要紛爭在於原為英屬殖民地的沙巴(Sabah)，與菲律賓有著深厚的歷史淵源，卻被歸屬於馬來西亞，馬、菲雙方因而膠著於沙巴主權之爭。另外，印尼不滿馬來西亞強行將婆羅洲 (Borneo) 及砂拉越 (Sarawak) 併入馬來西亞聯邦。

泰國、菲律賓、新加坡五國隨後在曼谷發表東協宣言,又稱曼谷宣言,成立東南亞國協。

當時創始成員國之間相互期望並不高,只希望形成一個外交網絡,透過諮商互動建立邦誼,藉以預防衝突發生並促進區域和平與穩定。隨形勢變化,東協自成一格的衝突預防模式,在冷戰結束後隨東協區域論壇之成立,擴至亞太地區。本節討論東協安全觀自安全自救轉變為合作安全之後東協區域論壇的成立,以及東協衝突預防原則在亞太地區之延伸。

一、從安全自救原則到合作安全概念

東協五個創始成員國並沒有一致對外的敵人,但卻有共同的內部安全考量。各國在建國階段所面臨的一大挑戰是貧困與低度開發的經濟困境。而境內共產勢力蠢蠢欲動與國際共黨勢力的蔓延與滲透,遂成為各國另一主要安全顧慮。為防範國際共產勢力與境內共產黨連結威脅政權穩定性,各國領導人積極建立國際網絡,相互支持其政權正當性,乃是東協成立之初的重要功能之一。在兼顧外部安全與內部安全的雙重考量下,東協創始成員國選擇非軍事手段強化區域安全,[3]1967年於「東協宣言」中揭示。第一、

---

[3] 在東協成立以前,東南亞條約組織 (Southeast Asia Treaty Organization, SEATO)在美國的推動之下於1955年成立,會員包括美國、英國、法國、澳洲、紐西蘭、巴基斯坦,以及菲律賓與泰國兩個東南亞國家,是一個以軍事手段圍堵共產勢力擴

依平等暨夥伴精神，共同致力加速區域經濟成長、社會與文化發展，以強化東南亞國家共同體基礎；第二、以聯合國憲章的正義法則建立各國關係，促進區域和平穩定；第三、促進經濟、社會、文化、技術、科技等領域之合作互助。

之後各國主要施政重點緊扣經濟發展、建構國家復甦力 (national resilience)等，以藉此加強人民對國家政府的認同，成為維持政權正當性與強化國家安全之基礎。而各國復甦力的累積，正是區域復甦力 (regional resilience) 的基礎，因此經濟發展成為東協各成員國政治合作的依據。儘管國家復甦力只是一個概念，沒有具體政策內涵或行動綱領，各國仍願意接受這個集體價值觀。國家與區域復甦力在印尼主導下被列入 1976 年的《東協協定宣言》(Declaration of ASEAN Concord)，又稱《東協峇里第一協約》(ASEAN Bali Concord I)，是東協追求綜合性安全的共識基礎。

為使東協不淪為冷戰期間美蘇爭霸的籌碼，1970 年馬來西亞曾率先主張東南亞地區中立化之建議，並提出不結盟政策，但並未得到東協其他成員國支持。次年(1971)，各國在外長會議中，繼續就如何避免捲入強權政治進行討論，最後達成共識通過《和平、自由、中立區宣言》(The Declaration on a Zone of Peace, Freedom and Neutrality,

---

張的集體防衛組織，但因未能與東南亞各國特殊的安全考量結合、未能真正顧及各國安全利益，所產生的迴響因而有限，後於 1977 年解散。

ZOPFAN)企圖排除列強在東南亞的特權，凸顯東協對東南亞安全的自主性。即使 ZOPFAN 僅是一份政治性文件，宣示各成員國同意採中立立場之意願，並不具任何法律效力，(Narine 2002, 21)卻還是成功地防止區域衝突受霸權地緣政治競爭等外在因素影響而惡化，具有衝突防堵(conflict containment)功能。(Severino 2006, 3) ZOPFAN 將東協區隔於強權東亞地緣戰略爭奪之外，特意與各強權保持等距交往，也不傾向與任何強權建立安全關係，或借域外勢力保障安全，是安全自救(self-reliance)原則的一面。

　　1975 年 4 月，越南及柬埔寨赤化引起區域震撼，次年(1976)，東協首度召開領袖高峰會(ASEAN Summit)研議因應之道，以避免區域內其他國家受到波及。會後發表領袖共同宣言，將區域安全列為關鍵政治議題，亦公開邀請中南半島各國加入東協，以避免東南亞因意識型態分歧出現區域對立。各成員國在高峰會結束後簽署《東南亞友好合作條約》(Treaty of Amity and Cooperation in Southeast Asia, TAC)，確立規範區域秩序的六大行為準則，包括：各國相互尊重獨立平等主權、領土完整及國家認同；各國得拒絕外來干涉、壓迫或他國強制行為；對他國國內事務不加以干涉；以和平手段解決爭端；不使用武力；以及有效合作等。TAC 看似規範東協成員國，但實際上是希望區域強權可依此一精神發展東協政策。也就是不，強權不僅不應使用武力或直接介入東協區域衝突，更不應以武力支持或支援衝突的任何一方。(Simon 2007, 121)是謂安全自救原則的另一面。

　　安全自救原則某種程度上防止了成員間的緊張關係受強權競爭等外在因素影響而惡化,但卻無法規範周邊非東協成員國之行徑。1978年越共入侵柬埔寨使東南亞安全受到嚴重威脅,但東協卻無法對非成員國家有具體約束。同時因成員之間未達共識,亦不便直接介入。衝突各方也未邀請東協扮演第三者協調角色,使得東協單獨處理區域衝突的能力受到質疑。(Caballero-Anthony 2005, 113-114)面對安全衝擊,東協不得不加入國際社會與強權及聯合國合作,支持波布領導的民主柬埔寨(Democratic Kampuchea)取得柬埔寨在聯合國的合法代表權,並由聯合國在柬埔寨設立轉移政權(The UN Transitional Authority in Cambodia),協助衝突後重建工作。[4]東協直接參與國際間柬埔寨衝突解決過程使其成員國體認到一致對外的外交作為得使其在國際政治舞台上具有影響力,成為無強權領導的區域組織與聯合國合作的最佳範例。

　　柬埔寨衝突在1991年各方簽訂巴黎停戰協議後落幕,1992年東協峰會期許徹底執行協議內容,並且調整東協安全思維,一方面與當時尚未成為東協成員的中南半島國家進一步建立緊密關係,一方面開放合作安全選項,開始與域外勢力建立安全關係。1992年東協開始利用東協擴大部長會議與對話夥伴建立政治安全關係,1993年擴大部

---

[4] 有關東協與柬埔寨衝突之討論繁多,可參考(Nguyen 2002, 471-476)、(Leifer 1989, 89-121)、(Narine 2002, 58-61)、(Alagappa 1993)、(Jones 2007)、(Peou 1998)、以及(李瓊莉 2010, 10-13)。

長會議接受東協智庫聯盟以及日本前外長中山太郎的建議，成立東協區域論壇，廣邀亞太地區非東協安全利害關係國(stakeholder states)共商共同關切的區域安全問題。（李瓊莉 2010a）1994 年首屆東協區域論壇在曼谷召開，1995年第二次會議通過《東協區域論壇概念文件》(ASEAN Regional Forum Concept Paper)，並發表宣言，確立機制屬性及運作基調，開啟亞太集體衝突預防安全合作新頁。此後東協在政治議題合作方面不再只是回應外來的強權威脅，而是邀請外來勢力加入，建立以東協模式為基礎的衝突預防文化。(Ganesan 2007)

　　分析後冷戰時期東亞安全形勢，美國對東協安全的承諾減少、中國軍事現代化及對南海問題的重視使南海情勢緊張升高、日本以經貿關係低調延伸其在東南亞的勢力、越南對東南亞安全威脅減少、東南亞國家經濟成長後國防預算增加帶來軍備競賽的顧慮。這些發展使東南亞安全複合體逐漸失去原有自主性，而與整個亞太區域無法分隔。安全不可分的特質促使東協調整原來所持不歡迎強權介入東南亞安全事物的安全自救原則(Ayoob 1999, 225-226; Buzan 2003; Simon 2007)，成立東協區域論壇。強權的參與自然不可或缺，部分學者因而認為東協區域論壇是用以管理後冷戰時期區域強權關係而成立。(Narine 1998: 209)特別是為了因應中國崛起所出現的新戰略格局，企圖將中共納入多邊體系，並留下美國抗衡中共，是東協用政治外交手段抗拒霸權(denial of　hegemony)並約制強權的努力。(Emmers 2001)

　　然而，強權因素並無法完全解釋東協區域論壇的成立。東協區域論壇應被視為亞洲地區的合作安全規範架構，一個醞釀規範及實踐的場域(norm brewery)。1980 年代末期，各方對泛亞太安全合作機制的成立多抱審慎態度，二軌機制的先鋒探索作業早在冷戰正式結束之前已經開始。東協智庫聯盟於 1987 年由加拿大贊助開始召開亞太圓桌會議(Asia Pacific Rountable)，討論亞太合作安全與綜合性安全問題，最重要的三項理念為：第一、區域安全與單一國家安全不可分的共同安全概念，區域安全機制因而應是包容性(inclusive)架構的倡議；第二、東南亞國家提倡將東協既有的外交規範擴大實踐；第三、將安全合作的討論推展至政府間的層次。(Katsumata 2006)冷戰結束後，1990 年到 1994 年亞太地區二軌對話頻繁，主要討論內容為：安全可以與其他國家共謀，而不一定對抗；安全議題擴及非軍事層面，包括環境、非法移民、恐怖主義、人權問題等；以概括性原則，透過多邊機制養成對話習慣。(Evans 2001, 103)二軌會議的共識建議官方以共同安全、合作安全概念取代冷戰期間以軍事手段對抗嚇阻的衝突預防思維。

　　至於官方層次上，馬來西亞曾主張建立同歐洲合作安全概念的軍事信心建立措施，對武器進行註冊(regional arms register)，直接進行武器管制(arms control)。泰國則建議建立區域維和部隊，但均未獲得足夠的支持。(Rolls, 1994, 68-70)1990 年，澳洲外長 Gareth Evans 引歐洲安全合作會議(Conference for Security and Cooperation in Europe, CSCE)模式，在東協擴大部長會議中提出亞洲安全暨合作會議

(Conference on Security and Cooperation in Asia, CSCA)，基於區域安全不可分的共同安全概念，區域成員應透過多邊安全合作共謀安全利益。同年加拿大外長 Joe Clark 亦倡導成立北太平洋合作安全對話(North Pacific Cooperative Security Dialogue)，擬借鏡歐洲安全暨合作組織的經驗，發展亞太安全合作。

澳洲、加拿大等中型國家所建議的合作安全概念目的在再保證(reassurance)而非嚇阻、成員採概括性而非排他性、多邊形式又較單邊或雙邊形式更為適合、軍事手段並不優於非軍事手段、國家是主要行為者，但非國家行為者亦扮演重要角色、不特意建立正式安全制度，但亦不排除可能性、最重要的是強調養成對話習慣的價值。（林正義 1996, 2-3）此一合作安全概念與東協非正式對話、演進式(evolutionary)的建制特色相符；也與東協綜合性安全概念有相通之處，兩者都認為執行安全行為者不侷限於軍事部門或國家政府。(陳欣之 1999)綜論之，東協區域論壇並非由一群以共同對抗外敵為目標的國家所組成的集團，而是一個包括潛在敵人互相溝通以減少戰略誤判的機制；一開始就是設定為一個衝突預防機制，其成員呈現跨太平洋、跨意識型態、跨國力的概括性原則。同時，東協區域論壇成功的提供了中小型國家與強權進行安全對話的場域，目標在發展出一個具建設性、可預測的成員互動模式，而東協模式是首選的制度選擇。

二、東協衝突預防原則

　　東協一度不被看好，被認為可能又將成為東南亞一連串失敗區域安排的另一個案例（如東南亞條約組織），然而，初期運作卻超乎預期。在沒有條約拘束的國家權利與國際義務之下，各成員國仍願意透過東協，發揮自身在區域的影響力。1976 年之後，東協高峰會議更成為國家領導人不可缺席的外交場合。探究其由與東協建制發展及運作原則符合當時東南亞情勢以及各國國情所需息息相關。一方面，當時各創始成員國基於內外安全的特殊考量，對東協的期盼僅在於建立一個新的溝通網絡，且能透過外交諮商來預防衝突的發生，探索共同利益以發展合作關係。其最大特色便在於不直接碰觸安全或敏感性政治議題，而是透過各國之間或其他多邊的非正式途徑，增加合作可能性，以促進區域和平穩定。另一方面，成員國之間保證這些合作關係的推動，會在主權平等與互不干涉兩大原則下進行，能相互支持並鞏固各國建國階段之政權穩定。(Simon 2007, 113-114)

　　在制度設計上與歐盟的超國家組織有別，東協不但不要求各國分享主權，反而強調保障各國主權為宗旨，以促進彼此之利益。在組織特質與區域秩序建構原則確立之後，東協某種程度緩解了成員國之間的緊張關係，並使綜合、多面向的功能性合作得以推動，其核心要件在於特殊的政治合作過程 (political cooperation process)，(Snitwongse 1998, 184-185)即所謂的「東協模式」(ASEAN Way)。東協模

式是一外交模式，基於馬來文化的諮商與共識(musyawarah
dan mufakat)，是管理與圍堵(containment)問題的一種方式。
Musyawarah 指領導人不會強勢主張特定政策，而是在與參
與者充分溝通後考量各方立場後做出方向性建議。(Narine
2002, 30-33)

　　在實際運作上，首先在於成員國之間不同層級的政府
官員，透過多層次、多面向、高頻率的非正式密切諮商，
包括高峰會、外交部長、經濟部長及其他功能性部長級會
議、資深官員會議等來培養東協各國之間合作與相互諮詢
的習慣，進而避免衝突在無預警或無溝通的情況下爆發。
因此東協安全與和平的維繫主要依賴外長與官員的工作關
係，而不是藉正式法律途徑或爭端解決機制。(Leifer 1999: 28)
這是一種特殊的外交文化，以菁英網絡進行預防性、非正
式、無記錄的無聲外交(quiet diplomacy)。

　　東協模式的第二個特色在於共識(mufukat)，共識決並
非投票行為，也不是零和的協商談判，而是透過非正式外
交諮商討論共同關切問題，協調不同意見並尋求共識，再
於年度正式會議中做出一致的決定，這樣的組織決策方式
被稱為「絞肉機智慧」(meat-grinder wisdom)。當成員國間無
法達成一致意見時，則取最小公約數 (lowest common
denominator)；換言之，找到各國都可以接受的最低利基，
以維持彼此間的和諧關係為優先考量，尋求共同接受的最
低利基為開展進一步合作之基礎，對東協成員國而言，此
一原則比各持己見圖謀單邊最大利益偏好來得重要。共識
決同時也可以避免因權力結構因素造成相對強國在集體決

策時出現專斷的情形，尤其在當時印尼是各成員國擔心的對象，成員國雖不排斥印尼的領導，卻不願見到印尼在決策上獨斷的情形。

東協成員國間政治互動的第三個特色是雙邊、多邊議題分開處理。對於領土紛爭或是敏感議題，成員國傾向透過雙邊途徑來處理，因此多在東協之外討論；但對於區域性、功能性等多邊合作問題則在東協框架下討論。如此一來，不論雙邊衝突是否獲得解決，成員國仍會持續利用多邊外交場域，共謀區域和平。當東協在制度設計上缺乏第三方監督、執法或解決衝突功能時，討論雙邊敏感問題可能只會損及東協成員間好不容易建立起的互信。有些學者因而認為將東協視為一個「相互協助框架」應是比將其稱之為「解決問題的組織」來得合適。(Collions 2003, 153)

就衝突預防與管理而言，東協雖沒有嚴謹的組織章程，得用作譴責或制裁成員不當行為的依據，但確有一套互動的規範及程序，是約制成員行為的非正式行為準則。(Collions 2007)此套準則使得成員國之間針對區域內武裝衝突或潛在衝突(包括國際與國內衝突、成員間與非成員間衝突)等所做的回應有規可循，相互有所期待。因此，有學者認為東協可以視為安全建制，(Collions 2007; Tow 2011)其形式有二：一是揭示性的行為規範，也就是成員間簽屬的協定或條約、另一是東協模式的外交文化。(Caballero-Anthony, 1998)

1976 年所簽訂的友好合作條約便屬於揭示性行為規範。簽訂時印尼係在共產政權下，因此各國感受到將東協

衝突預防角色制度化的需要與急迫性。條約中成員國同意
設置高級委員會(High Council)做為爭端解決機制，以落實
和平解決爭端(pacific settlement)的合法基礎。(Van Walraven
1996)然而因其中所揭示的規範並沒有違反或不作為的制裁
條文，嚴格來說僅能被視為一宣示性政策；呼籲成員間以
和平方式解決爭端，並對域外國家開放條約簽署。事實上，
此友好合作條約之架構再次呈現安全建制之雛型，企圖以
原則及規範來促進區域安全。(Rolls 1994, 66-67)

　　除了揭示性規範之外，東協外交文化中所呈現的衝突
預防概念有三項特質。第一個特質是「無制度安排」，(Van
Walraven 1996, 59)也就是所謂的不具約束力及非正式諮商
的論壇模式。因此直到1976年東協會員國才首度召開高峰
會，並於印尼雅加達設置秘書處簽定友好合作條約。可以
理解的是，在當時各國仍處理政治緊張的不信任狀況下，
論壇模式的預防外交是啟動東協運作的必然趨勢。此外，
當時直接的雙邊談判被視為東協各會員國衝突管理模式的
核心，東協扮演第三者斡旋角色，僅提供政治平台。其背
後的假定是成員間有能力管理爭端，不用訴諸正式或多邊
舉措。

　　第二個東協衝突預防概念特色是漸進疊積木模式
(block-building approach)。各會國進行諮商時，自我約束，
不將爭議矛盾之處做為會面時的討論焦點，而是以具有共
同利益的議題做為多邊合作的焦點。一方面擱置當前過熱
的爭端，待較無關事態發展時再處理；另一方面透過功能
性合作，製造改善衝突環境的和平之磚。同時東協國家認

為合作是雙贏局面，即使成員之間有紛爭存在，也不應讓紛爭成為發展合作的因素。(Almonte 1997/1998, 81)換言之，東協意不在解決衝突，而是擱置衝突使其不阻礙合作。(Narine 2002, 30-33)此一功能性合作，可被視為培養預防文化(culture of prevention)的衝突預防措施，係一結構性衝突預防措施，也是東協安全建制的長期目標。

　　第三個特色是「無衝突對峙」的外交模式(non-confrontational approach)。成員國針對重要議題無法達成共識決時，則同意各國可以有不同做法，各行其道(agree to disagree)，但仍用「團結」(solidarity)等模糊字眼來掩飾相異之處，將所有成員國凝聚一起。若無法即時獲得解決的東協內部問題，則擱置歧見議題，使其不妨礙其他合作之進行。(Narine 1997/1998, 34)此「無衝突對峙」運作模式，有助於防範政治歧見轉變為潛在衝突。

　　在制度設計與運作上，Leifer認為東協並非為衝突管理中的和平進程(peace process)所設立的，因為東協從沒有意圖要介入特定的武裝衝突，或試圖解決東協成員間之紛爭。(Leifer 1999, 25-27)不同於聯合國集體安全中的制裁概念，在考慮經濟或軍事制裁之前，東協主張以勸說方式，誘導各國基於之間之相互施壓或自身利益考量，自願接受彼此設定的行為規範，改善區域安全環境，而不是追求特定衝突的解決之道。

　　綜論之，針對既有的爭端，東協成員在東協架構之外尋求解決之道；在東協架構內，則以疊積木方式累積功能性合作效應，企圖營造長期安全關係；同時，成員間相互克制、擱置歧見，以免政治歧見成為新的衝突來源。當成員國以雙邊途徑尋求衝突解決之道時，東協雖未直接介入，但各國在衝突解決的過程中多依循東協所揭示的行為準則，稱之為不表態(non-committal)預防外交措施。這些以發展合作關係為重，擱置爭議，包容歧見的作為，可謂「寬容外交」(Diplomacy of Accommodation)，在東協內部創造模糊空間，但對外卻呈現一體。(Antolik 1990) 此外，延後暫緩處理棘手問題、隔離處理每一個議題，不使其互相干擾，則是另外兩項實際操作方針。(Hernandez 2003; Haacke 2003)

第二節 東協區域論壇組織設計與發展

1994 年第一次東協區域論壇會議後的主席宣言中明確載明其設立宗旨為養成建設性對話習慣，相互諮商攸關共同利益的政治暨安全問題，以東南亞友好合作條約作為規範基礎致力於亞太區域信心建立與安全合作，並決議舉行年度外交部長會議作為最高層級成員互動方式。1995 年主席宣言中闡述運作方式、組織目標、及願景。東協區域論壇目標在於確保並維持亞太地區現有的和平、繁榮與穩定，減低安全風險；認知(recognize)到除軍事安全之外的經濟、政治、與社會面向的綜合性安全問題。針對區域緊張及衝突情勢，採取循序漸進三步驟：促進信心建立、發展預防外交、並發展處理衝突方式。也就是說東協區域論壇一開始即自我定位為以外交諮商而非軍事防禦的區域安全

多邊機制，且目標在於衝突預防以維持和平現狀。其運作
模式承自東協，屬常設性非正式論壇機制，無決行能力，
但卻可透過諮商對話以及其他相關信心建立措施改變區域
國際關係。[5]

此外，為充分落實合作安全概念，東協區域論壇成立
之初並未設定會籍條件，而僅是以概括性原則廣納不同文
化及政體。當北韓在 2000 年成為第 26 個成員國之後，在
成員組合上可說是達到合作安全概念中邀請非志同道合國
家共同參與的概括性原則。然而為了不使會籍過渡擴充而
增添諮商合作之難度，東協區域論壇對會籍規定轉趨保
守，通過四個成員條件：第一、申請成員國必須願意遵循
1995 年主席宣言及概念文件的原則進行合作；第二申請成
員國必須直接影響亞太區域和平與安全；第三、對成員擴
張採謹慎小心態度；第四、新成員必須經與全體成員諮商
後決定。

在組織設計上則包括三大部分：首先是每年舉行一次
的外長會議及直接對外長會議建言的資深官員會議。外長
會議是東協區域論壇最高層級會議，其本質在以外交途徑
養成成員對話習慣。會後由主席就會中成員共同關切的區
域安全議題所達成之共識對外發表宣言，並指示東協區域
論壇架構下相關會議討論事項。此外，為推進東協區域論

---

[5] 國內有關東協區域論壇成立初期之研究可參考：(林文程
1999)、(楊永明 1999)、(林正義 1996)、(李國雄 1995)、(陳
鴻瑜 2001)。

壇三階段進程，設立期間支援小組（Intersessional Support Group, ISG），專就影響論壇發展的安全概念進行研討，並向資深官員呈交報告。1996年首先成立信心建立措施期間支援小組(ISG on Confidence Building Measures, ISG on CBMs)。(圖4.1中間部分)

組織架構的第二部分是期間會議(Intersessional Meeting, ISM)，在年度外長會議召開期間，針對外長會議所凝聚的安全共識而發展出的合作議題，進行政策研發。這些會議屬政府間官方會議，多屬多年期，以綜合性安全議題為主，研討成員間進行功能性合作的可能性。1994-2008年間所討論過的合作議題有搜救協調與合作、維和行動具體操作、災難救助、反恐與跨國犯罪等。討論議題也隨區域安全情勢發展而調整。2009年新增的期間會議主題有海事安全及反擴散與裁軍。(圖4.1左側)

第三部分則是針對特定主題召開的臨時性政策研討會議，參與人士包括官方人士、及學者專家，屬第二軌道會議。(圖4.1右側)東協意在將東協區域論壇做為一個各國得以自在輕鬆交換意見之場域，而非迅速決策之機制；因此，一開始便強調二軌外交納入東協區域論壇組織架構之重要。(Camilleri: 2003, 168; 李瓊莉 2003)二軌對話會議具有測試、整合、和中立作用，對於較敏感的問題，可以先於第二軌道討論，測試解決方案的可行性；對於新興議題，二軌會議成為推進討論之場域。為避免遭到政治性反對，成員國可透過二軌會議先取得共識，再形成倡議，集體提交一軌會議供官方參考。(Heller 2005: 125-127)借鏡於東協與東協智庫聯盟的成功互動對區域政策產出之影響，東協區域論壇除直接舉辦二軌會議之外，同時也重視與區域其他多邊二軌機制（如亞太安全合作理事會）之互動。

圖4.1 東協區域論壇組織活動

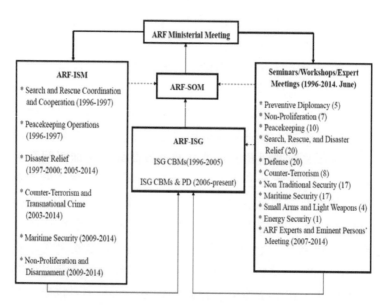

資料來源：作者修改自(Fukushima 2003, 88)

　　從預防措施來看，中間部分是為直接衝突預防所預作準備的組織設計：資深官員會議除了接收左右兩側會議所達共識之建議之外，期間支援小組也會直接向資深官員提報，並由外長會議經共識決產出具體直接預防措施。左側之期間會議主要功能在發展安全合作議題，為功能性安全合作等結構性衝突暨威脅預防措施做準備。右側之二軌會議與相關活動則是官方與學者專家進行資訊交流、諮商互動的重要場合；其中對於形塑衝突預防概念與區域安全認知的討論，常被用於設計直接或結構性預防措施之參考。

一、直接預防措施之組織設計與發展

　　不同於東協擱置爭端、避談衝突的作法，東協區域論壇成立之初並沒有避談區域內潛在軍事衝突，成員國關切南海問題、兩韓問題、核試暴及擴散問題、柬埔寨問題、及台海問題等潛在軍事衝突，唯在處理上依據 1995 年外長會議通過的東協區域論壇概念文件(The ASEAN Regional Forum: A Concept Paper)，採循序漸進的三階段制度化進程：促進信心建立措施(confidence-building measures)、發展預防外交機制(preventive diplomacy mechanisms)、及論述處理衝突之方式(elaboration of approaches to conflicts)。在運作上採東協模式，不訴諸投票或做成集體決議，會議結論不具約制效果，給予成員國充分政策彈性。在衝突預防制度發展上，強調兼顧各國考量的合作步調，在未獲全體成員國同意之前，不得進入下個進程階段。

　　第一階段的信心建立階段主要在發展對話機制，進行非正式意見交流與諮商。從 1994 年到 2009 年間，東協區域論壇所通過的具體信心建立措施，有助於直接衝突預防包括：1996 年成員國同意在自願情況下交換國防政策白皮書、高階國防官員接觸、支持聯合國傳統武器註冊(UN Register on Conventional Arms)、交換軍演資訊等多邊軍事信心建立措施。2004 年由中國倡議舉行東協區域論壇安全政策會議，2000 年 2006 年開始舉行國防官員對話會議等。

　　在亞太呈現高度異質性的困境下，東協區域論壇成員國接受信心建立措施是實踐衝突預防的良好開端。然而，就直接衝突預防措施而言，所要直接處理的是在衝突週期圖上「不穩定的和平狀態」(untable peace)，目的在防範緊張情勢惡化。信心建立措施有助建立互信，加強軍事資訊透明化，然而一旦出現政治緊張的區域情勢，信心建立措施顯然不足以處理；因此，進入第二階段預防外交進程，發展操作性直接預防措施方能強化東協區域論壇衝突預防功能。

　　1997 年第 4 屆東協區域論壇外長會議對是否進入預防外交階段有所討論，但因中國大陸堅持不應貿然進到預防外交階段而作罷。最後僅指示期間支援小組先指認(identify)兼具信心建立與預防外交功能之措施，並研擬在信心建立階段使用這些共通舉措之可能情況。這是預防外交第一次被正式列入第一軌道官方會議議程中。次年(1998)信心建立措施期間支援小組提出的報告中，提出四項信心建立與預防外交重疊措施，分別是加強主席角色、特別在於其斡旋

(good offices)角色；發展一套成員國專家或卓越人士註冊系統，必要時得以受邀獻策；出版年度安全展望報告(Security Outlook Yearbook)；以及各國在外長會議中得自願簡報區域安全問題。這些建議中，外長會議先處理了安全展望出版事宜，1999 年外長會議特別註解年度安全展望報告之提交屬自願性，且不經編輯直接匯編成冊(compilation without editing)，以呈現各國原本提交版本，2000 年開始出版。

有關成立專家名人小組一事，2000 年外長會議中對專家名人登錄方式有較明確討論，各成員國僅能提名自己國民，且對他國之提名不得否決。2001 年通過《專家名人小組設置相關事宜》(ARF Terms of References for an ARF Expert/Eminent Persons Register)，強調各國自願提名，且小組所擬之建議對各會員國並無約束力。2004 年外長會議通過由韓國主筆的《東協區域論壇專家名人小組運作指導原則》(Guideliens for the Operation of the ARF EEPs)該小組運作方才上軌道。

2001 年也針對 1999 年開始著手研擬適用於 ARF 的預防外交概念與原則，有初步結論。外長會議同意先接受當時由新加坡提出的《東協區域論壇預防外交概念與原則書》(ARF Paper on Concepts and Principles of Preventive Diplomacy)，但仍鼓勵期間小組繼續研討以完善預防外交措施。[6]這份文件在認知到各方對預防外交定義仍意見紛歧之

---

[6] 第 8 屆東協區域論壇主席宣言第 9 項。(2001/07/25)
http://aseanregionalforum.asean.org/files/ARF-Publication/ARF-D

下，以大致共識(general consensus)先行界定預防外交為：主
權國家在直接相關各方同意下，所採取的一致外交或政治
行為(consensual diplomatic and political action taken by
sovereign states with the consent of all directly involved parties)，
以防範威脅區域和平穩定的國際爭端或衝突出現、防範此
等衝突情勢升高為武裝對峙並將這些衝突對區域之影響降
至最低。該文件中舉出的預防外交措施包括信心建立、規
範建構、溝通管道、以及主席角色。並列出八項原則：外
交諮商途徑、非以武力脅迫、及時預防而非治癒性、基於
信心與信任基礎、自願性、共識決、適用於國際衝突、並
以國際法為原則等。[7]

　　從 2001 年所發表的預防外交概念文件是一份暫時性
文件，但之後在論壇中有關預防外交的諸多討論中卻多依
此為基礎。文件中可以看出其對正在發展中的衝突並無意
介入，也無正當適用性，不難看出會員之間信心建立的進
程緩慢，尚無足夠的信任得以發展預防外交。2001 年 911
事件之後，東協區域論壇合作重心轉向反恐及其相關議
題，預防外交的發展進程因而受到影響，直到 2004 年預防
外交工作坊在東京召開(ARF Workshop on Preventive

ocument-Series-1994-2006/08_HaNoi2006.pdf
[7]　相關會議有 Track II Seminar on Preventive Diplomacy,
co-sponsored by IDSS, Singapore and IISS UK. in Singapore,
9/9-9/11, 1997、CSCAP Seminar on Preventive Diplomacy in
Bangkok on 2/28-3/2, 1999.

Diplomacy, Tokyo, March 16-17, 2004)，方又將重心轉回預防外交舉措之研討。

2004 年首先處理的是東協區域論壇主席的衝突預防角色。在 1998 年支援小組的報告中已經提出加強主席扮演斡旋角色，而 2001 年通過《東協區域論壇強化主席角色概念書》(ARF Paper on The Enhanced Role of ARF Chair)，說明主席國得鼓勵會員間進行資訊交流、向部長會議提出重要議題討論、以及與其他國際組織或二軌機制合作。2004 年外長同意進一步強化主席角色，開始推動在秘書處下設置東協區域論壇部門(ARF Unit)，協助管理文獻檔案等行政庶務。

2005 年成員國終於同意將原來的信心建立期間支援小組改為信心建立暨預防外交會期間支援小組(Inter-sessional Support Group on Confidence Building Measures and Preventive Diplomacy, ISG CBMs and PD)，希望能發展出具體的預防外交措施。涉獵的議題包括：反擴散暨限武合作、交換國防政策白皮書、參與 UNRCA、交換軍演資訊、限武談判、軍官訓練及交流、參觀軍事設施及演習觀模、國際維和合作等。

第一個具體討論的預防外交措施是 2005 年同意發展的主席之友(Friend of Chair, FOC)。2007 年通過由菲律賓主筆的《東協區域論壇主席之友設置相關事宜》(Terms of Reference of the Friends of the ARF Chair)。主席之友是一個臨時小組，主要任務在協助東協區域論壇主席，得被授權處理危害區域和平及安全之緊急與危機狀況。主席之友包括

了下屆主席國之外長、前任主席國之外長、及一非東協國
家之外長。現任主席將視議題而定，徵詢成員意見後召集
主席之友，針對主席的斡旋及促談角色扮演提供諮詢意
見。其功能在於信心建立，而非進行干預，更非決策單位，
亦無權代表主席行事。從這些界定得看出主席之友之設置
仍屬敏感。

二、期間會議與結構性預防措施之發展

　　1994 年到 2008 年間，東協區域論壇最先成立的期間
會議有搜救協調與合作期間會議（ARF Inter-Sessional
Meeting on Search and Rescue Coordination and
Cooperation，ISM on SRCC）、維和行動期間會議(ARF
Inter-Sessional Meeting on Peacekeeping Operation, ISM on
PKO)，兩者在 1997 年皆結束。1997 年成立災難救助期間
會議(ARF Inter-Sessional Meeting on Disaster Relief，ISM on
DR)，2000 年後沒有再召開會議，直到南亞海嘯後，該期
間會議於 2005 年恢復召開。2001 年 911 事件之後，經過兩
年討論，東協成員國同意將反恐與跨國犯罪問題一起處
理，於 2003 年成立反恐與跨國犯罪期間會議(ARF
Inter-Sessional Meeting on Counter-Terrorism and
Transnational Crime)，運作至今。

　　東協區域論壇在前 15 年期間，有關結構性衝突預防合
作議題之討論，有顯著進展的則是災難救助。1996 年成立
的搜救協調與合作期間會議主要目標在於成立區域救援協

調中心及培養搜救與救援人員。之後的災難救助期間會議所討論的合作議題則包括軍民災難救助、資訊分享（包括早期預警、接觸點等訊息）、以及聯合快速反應步驟等。但此會議卻在舉辦四屆後停辦，然而到 2005 年恢復舉辦之間，東協本身對災難救助合作反而有所進展。

在 2003 年的《東協峇里第二協約》（Bali Accord II）中，東協再次確認了救災合作是東協發展成共同體上重要的一項工作。成立了東協災難管理委員會（ASEAN Committee on Disaster Management），其任務是協調和執行區域災難管理等相關任務。提出東協區域災難管理計畫（ASEAN Regional Programme on Disaster Management，ARPDM）作為提升區域在災難管理合作的架構。

2005 年東協區域論壇災難救助期間小組恢復後，2006 年外長會議主席聲明中，指出澳洲、印尼、馬來西亞、美國與中國自願負責相關防災應變合作的協調工作。同年通過「災難管理與緊急應變宣言」(ARF Statement on Disaster Management and Emergency Response)，確立防災應變合作的幾項原則：（一）以軍民合作為特色、（二）以國際規範為依據，將各國軍民合作的協調程序標準化、（三）國際人道救援行動必須獲得受災當事國政府同意後始可進入災區。各成員國就災害預防、緊急應變與救助、及能力建構三大面向，提出具體合作項目建議：包括發展風險監測措施、籌備災害應變管理任務小組、建立災難管理資料庫、建立預警資訊系統、強化救援網絡及研發災難管理指導原則等。

2006 年的災難救助期間小組針對是年部長宣言內容進行討論，其中中國、印尼、及澳洲分別提出重要概念及方案，影響較大的有二，一是由印尼提出的「待命體系概念」(Concept of ARF Standby Arrangement and Rapid Response System)；另一是由印尼與澳洲聯手提議的救援「桌面演練」(desk-top exercise)。前者與東協所持的災難管理概念原則相符，由 2007 年該小組草擬「東協區域論壇災難救助合作概要指導原則」(General Guidelines on Disaster Relief Cooperation)，呈第 14 屆於馬尼拉舉行的外長會議通過後，成為東協區域論壇災難救助合作作業程序的依據；後者則經 2007 年一年之籌備與討論，於 2008 年 5 月 1-2 日在印尼舉辦。

該指導原則據人道、中立以及公正等聯合國認可的標準來規範東協區域論壇災難救助架構，以提倡更有效的合作和降低區域內因天災所造成的傷害。相關作業原則中主要強調在救援過程中，受援國之決策必須受到尊重，而受援國亦需配合援助國(或團隊)，雙方在平等互助的精神下將救災任務發揮至最大效力。此外，軍事資源之介入是另一個敏感問題，非受災國之軍事資源僅可以在沒有相對應的民間資源的緊急狀況下，才能進入協助救援工作。

2007 年東協區域論壇針對救災桌面演練一事舉行計劃會議(The ARF Desk Top Exercise on Disaster Relief Planning Conference)，會中確立以人道救援為主軸，排除各國政治、經濟、軍事等立場考量，且標準作業程序必須符合國際間軍事(military-military)及軍民(civil-military)合作的運作模式。所

鎖定的具體演練要項有：針對致災性最高的項目做立即回
應、策略性而非技術性演練、將成員分受影響國及其他、
建立救援專家資料庫、以及強調軍事部門僅扮演支援角
色，而非主導機構。

　　2008 年舉行救災桌面演練，除蒙古與緬甸缺席之外，
其他成員及其救援專司機構、聯合國人道救援辦公室(UN
Office for the Coordination of Humanitarian Affairs, OCHA)、
國際紅十字會、及東協都參與演習。除了東協區域論壇本
身在 2007 年所通過的指導原則之外，亦參照其他國際間適
用的指導原則，[8]較特殊的是，重申論壇一貫尊重主權及無
法定約束力的合作原則。

　　2009 年 5 月在馬尼拉舉行實地演習(field exercise)，稱
之為「救難自願應變演練」(ARF Voluntary Demonstration of
Response (VDR) on Disaster Relief)，以超颱為想定災害，菲
國政府對外求援，以民間主導、軍方支援的軍民合作模式
為基調。4 月間先行舉辦「軍事部門參與國際災難救助相關
法規會議」(ARF Seminar on the Laws and Regulations in the
Participation in International Disaster Relief by Armed Forces)，
釐清軍事部門在跨國救援合作中的正當性及角色定位。演

---

[8] 包括 the UN Oslo Guidelines, ASEAN Standard Operating
Procedures for Regional Standby Arrangements and Coordination
of Joint Disaster Relief emergency Response Operations, the
International disaster Response Laws, Rules and Regulations, 以及
由美國主導的 Multinational Planning Augmentation Team's MNF
SOP。

練項目包括陸海空搜救及救援、醫療援助、緊急撤離、及重建工作，主要目的在展現各國回應受災國要求外援時的防災應變能力，係一個多邊救援演練，各國在自願展示救援能力時，亦同時強化救援能力。

多數觀察家認為2009年5月的實地演習，是東協區域論壇對話進程發展多年後，首度針對非傳統安全議題進行的具體合作，亦多給予肯定。同時也是亞太綜合性安全合作重要體現，針對跨國性安全威脅預防對區域安全秩序之建構與軍事衝突預防同等重要。

三、第二軌道會議與預防措施

亞太地區在無共同外在軍事威脅、待解決的政治及主權衝突繁多、各國既存的差異性大的現勢中，區域合作的發展從第二軌道外交循序漸進的向官方合作邁進，一方面反映出各國對區域合作的需求，另一方面亦反映出各國對區域合作的謹慎態度。二軌之功能，包括試探性、整合性(官方透過二軌推動政策概念，也藉此強化 ARF 之整合)、及中立性(由二軌集體呈現特定方案，消除各會員原有之偏執，而產生較中立的建議)。(Heller 2005, 127; Johnston 1999, 303)不過也有學者認為把棘手的問題留在二軌處理是錯誤的，二軌不應被用作政府躲避政治決定的藉口。(Garofano 2002, 87)

東協區域論壇組織內的二軌會議，通常依外長會議所凝聚的共識設定議程，並將討論結果回報資深官員會議後，呈報外長會議。除組織內的二軌會議之外，東協區域論壇亦與其他二軌外交機制發展關係，其中合作最為頻繁的便屬亞太安全合作理事會(Council for Secuirty Cooperation in Asia-Pacific, CSCAP)。該會成立於 1993 年，是一個區域性的安全智庫網絡，[9]其中亦包括大多數的東協智庫聯盟成員，[10]具有豐富的區域政策建言經驗。

在會員組成結構上，以概括性(inclusiveness)為原則，邀請「非志同道合」(non-likeminded)國家之主要智庫參與對話。其中尤指中國大陸與北韓，期望透過對話會談穩定區域安全情勢。在合作內涵方面，以區域綜合性安全為目標，討論範疇包括傳統與非傳統安全議題，並將會議結論，以備忘錄形式，經執委會通過後，提交區域組織參酌。自 1994到 2014 年六月已完成 26 個備忘錄。自 2007 年並開始出版年度《區域安全展望》(CSCAP Regional Security Outlook)，至今已出版 7 冊。

亞太安全合作理事會與東協區域論壇之連結可溯及兩個單位之成立。1994 年 4 月協區域論壇資深官員會議首度召開時，亞太安全合作理事會執委會便為其準備了第一份備忘錄建議論壇發展方向，[11]日後該備忘錄被提交於同年七

---

[9] 有關亞太安全合作理事會成立與發展之相關研究，並非本研究重點，請另行參考(Ball 2000)。

[10] 除新加坡之外，其餘東協國家在 CSCAP 與 ASEAN ISIS 的智庫成員皆相同。

[11] CSCAP Memorandum No.1 on *The Security of the Asia-Pacific Region*, 1994.

月份首度召開的東協區域論壇外長會議參考。2000 年熟悉二軌外交的前泰國外長 Surin Pitsuwan 擔任東協區域論壇主席，開始拓展對外關係，與聯合國、美洲組織、歐洲安全合作組織開始交流；同時肯定非東協區域論壇架構下的區域二軌安全對話機制，開始透過主席身份進一步深化亞太安全合作理事會與東協區域論壇之連結。

次年(2001)即有所成效。2001 年東協區域論壇預防外交概念書中採用了亞太安全合作理事會所建議的八項原則建議，該文件至今仍是東協區域論壇直接衝突預防措施推進的重要依據。2006 年資深官員會議通過由泰國主導的強化《ARF 一軌與二軌、以及 ARF 與其他區域暨國際安全組織之關係概念書》(Enhancing Ties between Track I and Track II in the ARF, and between the ARF and Other Regional and International Security Organizations)。2010 年 ARF 針對 2009 年所通過的願景宣言提出行動計畫，其中再次強調與區域內之二軌機制進行合作的重要性。東協區域論壇不僅將亞太安全合作理事會列入相關正式文件之中，在某些議題上亦開始主動諮詢意見並希望亞太安全合作理事會可以協助研發政策。透過特殊的會議安排，如一軌與二軌聯席會議，出席東協區域論壇期間會議或支援小組會議之官方人士得以加入區域二軌會議討論，例如，在 2007 年與 2013 年間，參與信心建立暨預防外交期間支援小組會議之官員兩度直接出席亞太安全合作理事會預防外交研究小組會議，與來自各國的學者專家進行討論，會後該工作小組共同主席亦受邀至期間支援小組會議中報告聯席會議結論。

第三節 東協區域論壇衝突預防評析

　　東協區域論壇雖源自於東協，但在後者可行的衝突預防概念不見得適用於前者，主要原因為：第一、兩者成立的歷史背景與安全環境不同，後者是一群弱小國家企圖以最低層度的合作共同面對外來威脅，而前者成員不乏強權，不對稱的權力結構使其個別的安全認知不同，合作動機自然不同；第二、東協國家願意暫時擱置爭議，謀求合作，以循序漸進的方式解決衝突，但東協區域論壇成員並不見得願意集體擱置爭議，這個現象使最不合作國家很容易就成為衝突預防障礙；第三、東協也許可以使強權接受其所提出的議程，但卻無法強制執行，換言之東協能使強權聚集，但僅有中介(intermediary)角色。(Narine 1998b: 209-210)

　　東協區域論壇成立之初，雖以論壇模式進行安全對話，但對議題之設定並不迴避敏感的軍事熱點。中國崛起與南海問題是區域成員共同關切的安全議題。1994年聯合國海洋法公約正式生效後，中國大陸重申南海主權，但主張擱置爭議，因中國大陸反對，東協區域論壇為就南海問題未做任何表態。1995年上半年中國大陸、台灣、菲律賓、越南、及馬來西亞為重申各自在南海的主權權益皆有所動作；菲律賓、越南加強在南沙軍事力量，馬來西亞海軍巡邏艇於彈丸礁附近向中國拖網漁船開火，中菲在美濟礁(Mischief Reef)發生軍事衝突，台灣則是派遣艦隊巡視南沙群島海域並於稍後成立「南海突發事件緊急處理小組」等，都掀起安全顧慮。日本是東協區域論壇的提議國，南海安全攸關其經濟與能源安全戰略，力求在論壇內討論此議題。其他各國也冀望區域機制發揮衝突預防功能；然而，因中國大陸一方之堅持，南海問題及台海問題在東協區域論壇都無法有實質性討論。

在信心建立階段，東協區域論壇對於南海爭端的回應主要在於透過集體施壓，在外長會議中表達關切。1995 年外長會議上雖沒有討論，但八月中菲簽訂共同宣言(Joint Statement on PRC-RP Consultations on the South China Sea and on Other Areas of Cooperation)，暫時擱置爭議，使南海問題不至影響雙邊關係。1996 年外長會議採用了中菲共同宣言中的原則，以國際法、UNCLOS 為爭端解決原則，同時也肯定自 1991 年開始由印尼主辦的「南海潛在衝突管理工作會議」(Workshop on Managing Potential Conflicts in the South China Sea)，但中國大陸仍堅持不得對爭端實質內容進行討論。之後幾年都因菲律賓的爭取，外長會議對南海爭端都表達關切，但多重複之前的聲明，不積極的態度不只使菲律賓感到失望，同時也使其他成員聲索國對東協區域論壇處理南海問題之能力失去信心，擔憂中國崛起對南海安全的衝擊，紛紛採取積極佔領島礁的自保行動。

1999 年東協區域論壇外長會議不顧中國大陸反對，討論了南沙群島領土紛爭，並有多位外長認為應訴諸諮商以解決爭端。2002 年 11 月中國與東協於柬埔寨金邊簽署南海各方行為宣言（The Declaration on the Conduct of Parties in the South china Sea, DOC），雖是一份政治性文件，不具約束性，也非正式的行為準則，但卻仍被視為重要衝突預防措施，各國願意約制可能引起主權或管轄權爭議的舉動，並發展具體合作關係，降低衝突，2003 年東協區域論壇對此表示歡迎並肯定。之後幾年東協區域論壇對南海問題可以著墨之處均有限。

此外，1998 年印度與巴基斯坦緊張情勢因雙方核武試爆而惡化，不顧印度的抗議，論壇外長會議主席宣言中，公開譴責當時已是論壇成員的印度，並呼籲完全停止試爆。這些高度敏感的政治領土衝突，在東協區域論壇成立初期都不避諱的在外長會議中被提出討論，直接對成員爭端國施壓希望有所節制。但此一態勢在 1998 年亞洲金融危機後，隨著中國崛起，外長會議對南海問題的聲援逐漸減少。

從制度面來看，依 2001 年所發佈預防外交概念書，預防外交適用範疇限於國家之間的爭端及衝突，主要目標在防範爭端惡化武裝衝突危及區域穩定。而預防外交的執行必須是非強制性、自願性、且符合國際規範。此界定以國家為中心，視國家為單一主權行為者，唯在國家政府同意下，東協區域論壇方得介入處理國際爭端。而東協區域論壇又採共識決，可想而知要達到全體會員皆同意的可能性非常低。受限於上述定義，使得東協區域論壇一直無法在東亞地區發揮預防外交或戰後重建之功能，特別是無從介入菲律賓、印尼、泰國、或緬甸等國境內之武裝衝突，而這些武裝衝突又往往是東南亞安全的主要考量；至於國際間衝突更是無法得到各造共識，不得從中調解。當東協區域論壇各成員國認真思考落實預防外交概念時，首當其衝要檢討的便是先前所揭示的預防外交概念。

預防外交概念在 1995 年被提出後，各國抱持不同態度，新加坡、菲律賓、泰國、美國、日本、澳洲、加拿大等支持加促跨國維和行動及預防外交；中國大陸因不願兩岸問題國際化，一向排斥邁向預防外交階段；南韓對東協模式充斥亞太安全合作機制有所微詞；馬來西亞、印尼、及柬埔寨則相對不支持。這些分歧相持不下的結果導致過度將預防外交條款化。各方斤斤計較的定義太過僵化，過度保護國家自主性及主權，使得預防外交在東協區域論壇中的討論太過格式化(formalization)，限制過於繁瑣且過於強調東協模式。有學者認為將預防外交限制在協商、信心建立層面，有失其本來應有的彈性與發展性。(Emmers and Tan, 45, 55)也有學者主張安全透明化是進一步發展預防外交或衝突解決措施的前提；(Simon 2007, 12)因此，除了外交諮商會議外交之外，應先鼓勵成員間的軍事交流，有助防範因誤判所引起的軍事衝突。(Abad 2004, 131)

至於結構性衝突預防方面，若缺乏互信是後冷戰時期造成亞太區域情勢不穩的主要考量，那麼信心建立措施即可被視為針對區域不穩定的因子所採行的結構性衝突預防措施。東協區域論壇的合作安全概念是邀請非志同道合國家（甚至潛在敵人或世仇）對話諮商，並配合軍事透明化之信心建立措施，一開始各方可能仍充滿戒心，進展緩慢，但交流頻繁後，對增加互信多所幫助。此外，東協區域論壇的柔性制度化過程,非強權主導,也沒有去主權化的中央整合型態,相對的反而是強化主權的互動模式,以透過諮商達成共識;而不採投票制以避免投票過程出現政治化結盟反會阻礙合作,或造成投票結果缺乏彈性而無法一體適用之困境。顯然在主、客觀環境限制下,後冷戰時期在亞太地區形成規範性或強制性安全合作,時機尚未成熟,因而必須以不具約束力的對話協商作為信心建立的首要步驟,以共識原則相互牽制決議的產出,並以階段性進展為考量。

對於安全合作認知改變最大的國家是中國大陸。在東協區域論壇成立之初,東協與日本的態度最為積極;中國因缺乏經驗而保守謹慎;美國因單極霸權優勢並不在意多邊途徑,直到柯林頓政府開始方才重視區域安全合作;但美國自認佔有結構優勢,企圖訂立符合美國國家利益之遊戲規則,同時表示對日本的支持,因此同意加入。(Lord 1993; Alagappa 1998, 636)有學者認為東協區域論壇的出現便是企圖將崛起中的中國拉進區域安全體系,並留住可能離開亞洲的美國。(Yahuda 2005, 350)多數對東協區域論壇在影響成員安全認知、改善安全關係結構上,多認為至少東協區域論壇使中國大陸參與了亞洲多邊體系,並從中學習在國際社會中應扮演的角色,此一過程,對亞太區域秩序之穩定有所貢獻。(Yahuda 2005, 355; Foot 1998)

結語

　　評析東協區域論壇的衝突預防實踐無法避開東協模式所造成的制度既定結果(insitutional default)，東協區域論壇是一高階諮商論壇，用以培養各成員國為謀共同利益進行建設性政治安全對話之習慣，並成為區域信心建立及預防外交之場域。(ARF Chairman Statement 1994)成立之初並沒有宏偉計畫，不以建構區域共同體、大國協商(a concert of power)、集體安全保護傘、或集體防衛架構等為目的，甚至沒有解決懸而未決爭端之企圖。(Alagappa 1998, 637)諸多學者已經指出東協區域論壇並無法真正的解決問題或發展為安全框架，甚至認為這樣的期待是分類上的錯誤(category mistake)。(Leifer 1999)不難理解，東協區域論壇是一個論壇，而非一具有執行力的機構，雖然其長遠目標在於探討建立解決衝突的機構與方案，但並不必然使其成為一個執行機構。換言之，東協區域論壇機制運作模式已經定位其本身在區域安全秩序中所扮演的角色，評析其衝突預防的功能不應超過機制運作所能產生的效果期待。

　　在信心建立階段，東協區域論壇的主要衝突預防功能在於促進溝通、提供資訊、增加透明度、以及減少不確定性。目標不在建立一個安全建制，而是在製造以俾未來發展安全建制的規範情境。(Alagappa 1998, 637; Heller 2005)論壇沒有直接衝突管理機制，但藉由形塑友好的戰略環境，促進行為者間的相互理解，穩定合作規範以及提升區域透明度等，皆有助衝突預防；雖無法有效處理衝突，但可提供一個促進對話的中立場域；東協模式也為各國利益保留了空間，使得互信得以螺旋上升，合作得以持續(Heller 2005, 138-140)。在衝突管理策略的光譜裡，合作安全只有在衝突預防上有重要角色，在衝突圍堵(containment)或衝突終結(termination)方面，則有賴特定國家在東協區域論壇之外的特定安排來處理。(Alagappa 1998, 637)

在邁向預防外交階段，一旦會員國無法達成共識，在集體行動上勢必延宕，甚至損害東協區域論壇的號召力，惡性循環之下，會員國訴諸其解決問題的意願便降低。當前在預防外交措施建立上一直無法突破，即顯示這個問題的存在。東協模式重視過程大於實質內容(process over substance)的組織架構的確在剛開始時吸引所謂不情願參與國(reluctant states)的加入（例如中國大陸）；但以組織長遠發展來看，這樣的運作模式導致成員陷入不實際執行的習慣(a habit of non-implementation)以及不妥協的文化(culture of non-compromise)，而阻礙組織進步。(Yuzawa 2012)為了維持東協模式而閃避關鍵問題或是衝突的議事方式，使非東協國家很難接受，無法信任東協區域論壇作為安全合作的機制。(Zhu Guichang 2007, 119) 綜論之，東協模式在東協區域論壇初期發展時有其作用，但實際運作上似乎已經逐漸成為阻礙東協區域論壇發展合作的原因。雖在結構性預防上有所進展，但卻無法在直接預防上有所突破。

第五章
亞太集體衝突預防近期發展

　　面對東協模式逐漸成為區域多邊主義之阻礙，以及強權視東協成員為戰略籌碼之困境，東協本身發起改革構想，企圖以強化東協能力來保持其戰略自主性。2007年底完成東協憲章簽署，2008年底生效。當區域多邊機制仍多以東協模式為運作基調之際，東協改革方向給亞太多邊主義帶來些許期待，值得觀察。此外，2009年美國歐巴馬政府上任後，提出新亞太政策。與前任小布希政府比較，新政策大幅提升美國對區域多邊機制之參與，也增添了新自由制度主義安全觀之強權因素。東協的改革與美國新亞太政策兩股動力交錯影響下，亞太集體衝突預防概念與實踐的多邊途徑出現了一些調整。

　　本章第一節先討論2009年後影響亞太安全多邊途徑的兩股新動力：東協憲章與美國重返亞洲。第二節討論2009年後兩股新動力對亞太安全多邊途徑的影響。第三節分析集體衝突預防概念與措施的新發展。

第一節 亞太安全多邊主義新動力

相較於區域中、日等國之較穩定的區域政策，東協與美國在 2009 年因東協憲章之生效、美國歐巴馬政府的新亞太政策，對亞太多邊主義的近期發展產生影響。

一、東協憲章

1997-1998 年亞洲金融風暴後，東協各國一方面透過改革，重振國內政經秩序，一方面避免成為中日兩強區域競逐下的戰略籌碼。東協除了重申金融危機之前已所揭示的願景 2020 之外，更進一步研發振興方案，以強化東協在東亞戰略環境中之自主性。由印尼主導委請東協智庫聯盟，草擬《東協峇里第二協約》提出建構以安全、經濟、社會文化合作為三大支柱的東協共同體，於 2003 年提交東協高峰會並獲通過。2004 年第 10 屆東協高峰會通過落實該協約目標的《永珍行動計畫》(Vientiane Action Programme，VAP)，在其導言 (Preamble) 中指出強化東協執行能力之必要性，並同意朝發展東協憲章此一目標前進。2005 年第 11 屆東協高峰會正式決議草擬《東協憲章》(ASEAN Charter)，朝「一個東協」(One ASEAN) 邁進，並由每個成員國推派一位資深專家組成「名人小組」（Eminent Persons Group,

EPG）對東協憲章藍圖及相關議題進行評估、報告、討論。[1]2007 年 1 月第 12 屆東協高峰會發表《東協憲章藍圖宿霧宣言》(The Cebu Declaration on the Blueprint of the ASEAN Charter)，並將憲章草擬的最後任務付委高層任務小組(High Level Task Force, HLTF)。[2]2007 年底第 13 屆東協高峰會中正式簽署東協憲章，各國相繼通過國內批准程序之後，於 2008 年 12 月正式生效。

　　東協各成員國同意簽署憲章，宣示了從政治、安全、經濟、社會、文化等面向之合作，共同邁向一個全面性東協共同體之政治意願。[3]為落實東協共同體概念，東協憲章重整東協組織架構、調整東協模式、並建立東協國際法人地位以強化對外關係。對於組織架構部分，2009 年通過藍圖確切列出具體合作事項，確立執行機關、資源調度等操作性原則及制度安排，爭議性較少。而對於東協模式、東協國際法人地位、及其對外關係部分，則對亞太多邊安全秩序之建構可能有所影響。

---

[1] 印尼前外交部長 Ali Alatas 為名人小組成員，敦請東協智庫聯盟（ASEAN ISIS）協助草擬相關文件，2007 年 1 月該名人小組向各國領袖呈交報告書 (The Report of the Eminent Persons Group on the ASEAN Charter)，相關討論請參考(Hernandez 2007)。

[2] 不同於之前的名人小組，高層任務小組由各國高階官員組成，持官方立場。有關名人小組與高層任務小組之組成人員與對東協憲章建議之比較，請參閱(楊昊 2007, 162-172)。

[3] 有關東協憲章對東南亞區域整合之意涵，請參考作者論著(李瓊莉 2012a)。

　　有別於超國家組織(supranational organization)，東協憲章第三條界定東協國際法人地位為政府間組織(inter-governmental organization)，這意味著即使東協以追求一個願景(One Vision)、一個身分認同(One Identity)、一個共同體(One Community)為座右銘(第三十六條)，成員互動模式上仍尊循主權平等、領土完整、互不干涉、共識決、及異中求同(unity in diversity)等原則。(憲章導言)這個法人定位已經透露東協模式改革之難度。

　　諮商共識決仍是決策規則，但若無法達成共識時，東協高峰會可以決定特別的決議方式。若有違反憲章或不合作之行為，則交由東協高峰會處理。(第二十條)憲章沒有設置處罰條款，而是由東協秘書長負監督執行之責，並定期向高峰會提報不合作或違憲情形。受平權及共識決的制約，高峰會能做的有效回應相當有限。(Caballero-Anthony 2008)這些制度設計形同賦予涉及違憲一方享有否決權，排除了透過共識決採取制裁行動的可能性。儘管憲章容許在特定議題上可以採用非共識決通過，但在此之前仍然需要達成採行非共識決的共識，結果則形成所謂的"雙重共識決"，反而提高了決議的門檻。

　　除上述安排之外，憲章第七條在組織架構上確立東協高峰會為最高決策單位，並具有任命秘書長之人事權；此舉可說是賦予東協高峰會極大權限，各項重大決定最終皆落在各國領導人身上。在增加權力的同時，東協高峰會召開頻率增加為每年兩次，分別討論東協內部問題與對外關係。但東協高峰會基本上是一個外交場合，並非法律執行單位，在運作上明顯受限於政治考量，對會員國之違憲行為，鮮有進行實質制裁之情事，對爭端解決亦多沿襲外交諮商模式，因此並未徹底解決過去東協模式為人詬病之處。

至於爭端解決，依東協憲章，東協主席與秘書長為施行預防外交的主要單位，擬訂爭端解決程序(第二十五條)，並對有關建議或紛爭採取有效及時的應變措施，提供協助及表達意見。另外，依2009年東協政治安全共同體藍圖成立東協和平與調解機構(ASEAN Institute for Peace and Reconciliation)。然而，憲章章程設計明顯偏重主席國角色，將權力集中於單一國家，而不是一個組織，而東協主席由成員各國輪值，使得東協章程這樣的設計無法具有穩定而持續的力量。(Della-Giacoma 2011)

東協模式在東協憲章中未獲得太多的改善，但在國際法人地位確定後，卻提升了東協的國際地位。每一成員國得派遣一位大使級代表常駐於雅加達，並成立常任代表理事會(Committee of Permanent Representative)（第十二條）。在團結合作與追求一致的基礎上，相互協調並採取共同立場，以聯合行動領導區域架構發展（第四十一條），並歡迎非成員國或其他政府間國際組織得派遣駐東協大使（第四十六條），與東協建立常設性外交諮商關係。此一途徑由東協內部團結做起，進而向國際社會爭取友好關係，以強化東協之國際法人地位與實質權能為目的，使東協不僅對成員國有其代表正當性，也同時提升了東協的國際地位。

聯合國在東協憲章生效後，已認定東協是一個國際社會行為主體，依聯合國憲章第七章，將其視為協助維持區域和平穩定之區域組織。2011 年 2 月東協即參與聯合國安理會對泰國與柬埔寨邊界問題的處理。即使東協本身對成員國之雙邊衝突採不介入的作法，但透過聯合國與區域組織之合作，東協仍可以發揮衝突預防之功能。2011 年第 19 屆東協高峰會通過《峇里第三協定宣言》(Declaration of Bali Concord III)，強調東協集體行動、對外參與國際事務的新目標。該宣言面期望成員國支持東協對外政策，一方面把東協共同體關切事項與對外事務參與範疇做一連結。然而東協國際地位的提升是否會影響東協延伸出來的區域安全機制之運作呢？

二、歐巴馬亞太多邊政策

2009年美國歐巴馬政府上任後，大幅提升亞洲戰略地位，總統本人、國務卿希拉蕊、前國防部長蓋茲等國安事務高級官員頻訪亞洲，並多次揭示「重返亞洲」的政策意圖。不論美國是否曾經離開亞洲、新戰略是否針對抗衡中國崛起而來、新政策應被稱為轉向亞洲(Pivot to Asia)、或稱為再平衡(rebalance)較適合，可以確定的是美國無法承擔持續忽略亞洲戰略地位之損失，因此積極爭取或維護美國在亞洲之霸權，刻不容緩。

相較於美國在亞洲的政治、經濟、軍事影響力，在區域制度建構過程中，小布希執政八年間的參與相當有限。前國務卿萊斯(Condoleezza Rice)連續兩年沒有出席東協區域論壇，美國對東亞高峰會亦不感興趣，與東協也沒有建立高峰會對話管道。反觀區域其他國家,不僅積極參與以東協為核心的區域多邊機制,同時也與東協建立雙邊高峰會。若美國擬維持在亞太地區的霸權正當性,那麼積極參與亞太多邊機制,挽回在區域建制方面式微的影響力,彌補小布希政府因政策忽視所帶來的戰略損失,似乎是歐巴馬「戰略重擬」(strategic rebalancing)的新亞洲政策中的必要措施之一。(李瓊莉 2012b)

2009年7月前國務卿希拉蕊在參加第16屆東協區域論壇部長會議之前,與泰國副總理Korbsak Sabhavasu在曼谷會晤時提到:「美國『重返』亞洲,並繼續維持我們對於亞洲盟友的承諾。」(Clinton 2009/07/21)翌日便簽署《東南亞友好合作條約》(Treaty of Amity and Cooperation in Southeast Asia, TAC),是美國重視東協、「重返」東南亞的關鍵具體作為。至於美國參與亞太多邊組織之原則與期待2010年 1月間,希拉蕊在夏威夷以「亞洲區域架構」(Remarks on Regional Architecture in Asia)為題的演講中,闡述美國參與亞太區域主義的原則與優先事項。希拉蕊強調以盟邦關係作為區域參與之基石後,區域制度應具有清楚且共同認定的目標,以利有效具體的政策產出,(Clinton 2010/01/12)此番言論明確表示對亞太區域多邊機制之期望。

在投入區域多邊主義的同時,美國不時強調對雙邊同盟關係維持不變的立場。2010年10月28日希拉蕊於夏威夷發表談話,揭示「前沿部署外交」戰略(forward-deployed diplomacy),即全面投注外交資產,雙邊關係之外,多邊途徑是「前沿部署外交」戰略的另一重點。(Clinton 2010/10/28)

美國主管亞太事務助理國務卿坎博(Kurt Campbell)在2011年10月眾議院「台灣為何重要II」聽證會中提到，美國亞太策略首重：一、美國穩固的雙邊同盟關係可與亞太地區的多邊機構相輔相成，鞏固區域的安全和繁榮；二、建立持久且成果導向的多邊制度(results-oriented multilateral institutions)，以因應跨國挑戰並整合相關規範。(Campbell 2011/10/04)

2011年 11月希拉蕊於《外交政策期刊》(Foreign Policy)所發表的「美國的太平洋世紀」(America's Pacific Century)中，揭示六大政策方針為：加強雙邊軍事同盟、與包括中國在內的新興大國展開關係、參與區域多邊組織、擴展經貿投資、增加軍事存在、以及促進民主人權，再次表達美國在亞太地區的領導決心，而參與區域多邊組織也再次被列入六大方針之一。(Clinton 2011/11/10)

在具體行動上，除了持續參與一向重視的亞太經合會，美國主要透過三個區域多邊途徑重返其在亞洲之戰略領導地位。首先是強化在東協區域論壇的影響力。美國作為東協區域論壇的創始會員國，卻對該論壇在建制上缺乏具體效力批評不斷，對其發展並不具信心， 2005年及2007年小布希政府國務卿萊斯甚至兩度缺席在寮國、菲律賓舉行的年會，相對而言，希拉蕊2009年積極參與並藉機表達美國對南海問題的立場，可謂「重返」的最佳呈現。其次是美國成為2010年方成立的「東協國防部長擴大會議」（ASEAN Defense Ministerial Meeting Plus, ADMM Plus）之創始會員，最後是在2011年時，美國加入東亞高峰會並企圖將其轉型為安全合作機制。

第二節 區域多邊安全合作新發展

東協區域論壇在成立 15 年之後仍無法完全進入具體預防外交階段，幾個當初滿抱期待的創始國都紛紛轉向其他途徑，另謀安全之道。諸多建議希望東協區域論壇應朝具體有效的功能性安全合作的方向發展。此外，在美國展現對亞太安全多邊主義相當興趣之後，除東協區域論壇之外，出現了兩個新發展，一是亞太多邊國防外交機制：東協擴大國防部長會議創立；另一是東亞高峰會轉型。

一、東協區域論壇 2020 願景

東協區域論壇在成立 15 週年後，檢討聲不斷，在 2009 年外長會議通過《東協區域論壇願景聲明》（ARF Vision Statement），提出 2020 年發展之展望。聲明中重申東協扮演未來發展之驅動者角色，即所謂東協中心性，並遵循 TAC 目的與原則。聲明中提出未來合作方向，包括：一、提升東協區域論壇成員之安全挑戰和建立信心與合作意識；二、持續發展預防外交措施，尤其針對非傳統、跨國安全問題之早期預警機制；三、將東協區域論壇轉型為行動導向（action-oriented）機制，以對恐怖活動、跨國犯罪、災難救助、海事安全以及防擴散與裁軍問題得以發揮實際並

有效率的回應;四、持續綜合性安全途徑,在特定議題上加強聯合軍演之能力;五、擴大合作領域與參與人士,包括國防安全機構與官員。此外,聲明中亦申將與其他組織建立夥伴關係,包括與專家名人小組、東協智庫聯盟以及亞太安全合作理事會等二軌機制合作。

在通過願景宣言後,2010 年通過《實踐東協區域論壇願景聲明之河內行動計畫》（Hanoi Plan of Action to Implement the ASEAN Regional Forum Vision Statement）,進一步從合作領域、信心機制與預防外交、加強機制等三方面詳述願景實行計畫,預期在 2020 年能從原本的論壇模式轉型為行動導向的區域組織。而目前仍在進行的四個期間會議正是願景聲明中所揭示的四項功能性合作,其中災難救助、反恐與跨國犯罪兩項期間會議早分別在 2002 年、2003 年成立啟動,而海事安全與反擴散與裁軍會議雖是 2009 年後成立,但在東協區域論壇其他會議中早備受關注,唯並未有具體合作活動或計畫,今透過期間會議推動具體合作計畫。

在衝突預防概念上,東協區域論壇的新發展已經超越傳統軍事衝突預防,而是朝全面的安全威脅預防發展,換言之,其衝突預防概念不再僅是以杜絕武裝衝突的負面和平思維設定措施,而是針對無法指認的共同威脅,以協作方式進行威脅預防,是一種締造正面和平的衝突預防概念,且企圖發展具體合作活動,達到以行動為主導的區域安全合作。

二、東協擴大國防部長會議成立

為落實 2003 年《峇里第二協約》中所揭示的東協共同體之三大支柱之一：東協安全共同體，2004 年通過的《永珍行動計畫》，呼籲東協為完成東協安全共同體，應以舉辦年度東協國防部長會議(ASEAN Defense Ministerial Meeting, ADMM)為目標努力；2005 年 9 月，聯合國秘書處也在集結各國政要意見後提出的整體報告「更多的和平」(In Larger Freedom)中寄望區域組織能扮演「重要的一塊拼圖」與聯合國一起面對國際社會的和平與安全。

在此背景的推波助瀾下，首屆東協國防部長會議於 2006 年 5 月 9 日於吉隆坡正式召開，成為東協最高層級的國防諮詢暨合作機制。其主要任務在於協助東協成員國能力建構以共同因應跨國安全挑戰；透過對話及透明化措施提升互信；協調東協架構外的軍事活動並向東協峰會回報，以達到建構東協安全共同體之目標。(ADMM 2006/05/09)東協綜合性安全觀使得東協國防部長會議討論內涵兼顧傳統和非傳統的安全議題實質性的合作，包括跨國和跨界的安全問題，如：海洋安全、災難救助以及維和、衝突後建立和平以及人道救援等合作領域。

東協一向主張開放區域主義(open regionalism)，在安全合作領域亦然。東協國防部長們認為東協安全共同體的發展也應該是公開、有彈性且對外尋求合作的，因此東協國防部長會議應主動在兼顧所有東協成員的意願下，與東協對話夥伴在國防和安全事務上接觸。2007年第2屆東協國防部長會議即通過建立東協擴大國防部長會議(ASEAN Defense Ministerial Meeting Plus, ADMM Plus)概念計劃,決議邀請中國、日本、南韓、紐西蘭、澳洲、印度、美國及俄羅斯等八國國防部長參加對話,經過數次會議確定ADMM Plus會議性質、組織架構、及會員資格後,在2010年10月12日正式在河內召開第1屆東協擴大國防部長會議,並同意每三年召開一次,2013年第2次會議之後,第8屆東協國防部長會議在衡量需求之後,通過將擴大部長會議舉行的間隔從三年改為兩年。(ADMM 2014/05/20)

　　就區域安全架構的建構而言,東協擴大國防部長會議側重國防合作與交流的本質,有別於東協區域論壇以外交互動主導區域穩定的動能。東協擴大國防部長會議被視為東協國防部長會議的延伸,是東協邀請非東協國家共商區域傳統與非傳統安全合作的場域,其運作原則仍遵循所謂的東協外交模式,以主權平等、不干涉原則及共識決為規範基調。此外,在會員組成上,東協區域論壇所涵蓋範圍廣,難以凝聚共識,易流於強權結盟競爭,成為各國擴張地緣戰略利益的場域。而東協國防部長擴大會議被視為東協國防部長會議的重要外環,兩者皆以強化東協政治安全合作為主,且朝具體的合作安全議題發展,(多數屬非傳統安全問題),可能較易達到共識,也能避免過多地緣政治因素的干擾。

三、東亞高峰會轉型

　　東亞高峰會實際上係源自韓國前總統金大中在東協加三的一個倡議，東協加三成員在 2000 年同意成立由官方人士組成東亞研究小組(East Asia Study Group, EASG)，針對 2001 年由學者專家所組成的東亞願景小組向東協加三所提報告進行評估。[4]2002 年 EASG 完成報告，正式建議東亞地區另外成立一個由東協領導的新機制，以建構東亞共同體為目標。(ASEAN Plus Three 2001/11/04)此議在 2004 年的東協加三高峰會中定案，會員國同意成立東亞高峰會，除東協加三原有會員國（東協會員國、中國大陸、日本、南韓）之外，邀請與東協有實質合作關係並簽訂東南亞友好合作條約[5]的對話夥伴加入。印度、紐西蘭、澳洲最先表態參與意願，2005 年 7 月東協加三部長會議確認這三個國家的會員資格。12 月首屆東亞高峰會於馬來西亞吉隆坡召開，因而共有創始會員國 16 國參加，俄羅斯則在當時受邀

---

[4] 東亞願景小組於 1998 年東協加三峰會中同意成立，1999 年由學者專家正式組成，2001 年 3 月向東協加三提交報告：《邁向東亞共同體：區域和平、繁榮與進步》（Towards East Asian Community: Region of Peace, Prosperity and Progress）

[5] 《東南亞友好合作條約》（Treaty of Amity and Cooperation in Southeast Asia，簡稱 TAC）是東協成員國於 1976 簽署。1998 年東協外長簽署條約修改議定書，允許非東南亞地區的國家加入該條約。根據 TAC 修訂過後的第十八條，候選國要加入 TAC 必須經過所有東協成員國的同意。

列席首屆會議，並在之後不斷爭取正式加入的機會。

　　東亞高峰會一向被視為是一個提升區域互信、強化區域穩定的戰略對話機制，而不是一個針對特定議題、有效解決問題的功能性合作組織。然而，從「區域主義」或區域建制的角度來看，東亞高峰會是一個政策主導的區域整合進程，強調「由上而下」的策略決行方向，在沒有任何組織架構的前提、及不涉及部門執行運作效能的情況下，由領袖在高峰會上一起勾勒出未來行動藍圖。發展至今，除了攸關區域發展的長期戰略方向探討之外，東亞高峰會已經發展部長級會議，就合作的實質內涵進行諮商，主要議題包括：金融、教育、能源、災難管理、禽流感防治等。在區域策略研發方面，則由東協與東亞經濟研究中心(The Economic Research Institute for ASEAN and East Asia, ERIA)提出強化區域經濟整合之計劃，尤其以協助ASEAN內部連結計劃(ASEAN Connectivity Master Plan)，與亞洲開發銀行及東協秘書處合作的亞洲全面發展計劃(The Comprehensive Asia Development Plan, CADP)等。

　　美國因未簽署 TAC，一直被認為沒有加入東亞高峰會之企圖。2009 年 7 月美國簽署該條約後方具備會員資格，但並未立即加入，直到 2010 年 10 月 30 日第 5 屆東亞高峰會於河內召開，美國前國務卿希拉蕊與俄羅斯代表受邀列席，東協藉此機會正式表達同意兩國加入。這次會議中希拉蕊揭示美國參與東亞高峰會的五點原則：美國的加入是一項長期穩固的承諾；美國支持東協繼續作為東亞高峰會建制發展的核心；建立實際積極的合作議程（包括傳統安

全合作議題）；與其他區域組織互補共存；以及延續美國
對亞洲區域的雙邊主義。(Clinton 2010/10/30) 2011 年 11
月 19 日美國首度以會員身分參加東亞高峰會，其動向備受
矚目。在出發前國安會的新聞記者會中（9 月 21 日），時
任資深主任 Danny Russel 表示，美國有意將東亞高峰會轉
型，成為以東協為基礎所擴張出來的區域安全機制，提供
區域內其他機制指導方針，並在扮演區域建制架構中扮演
領導角色。(Campbell and Russel 2011/10/4)

　　東亞高峰會會員組成結構即影射除了地緣與經濟互賴
關係之外，戰略互賴是東亞共同體的另一個考量要素，而
地域鄰近性或會員同質性反而並非建立東亞共同體的必要
條件。美國加入東亞高峰會之後，強權競逐可能由機制間
轉為機制內的議題設定競爭。美國第一次參與會議就提出
突破性的建議，試圖將主軸放在安全議題上，可以理解中
國勢必不會接受。美國關心的主題偏向核武擴散問題、傳
統軍事武裝擴充、海事安全及氣候變遷等；而中國大陸雖
然表示歡迎美國加入，但希望能持續鎖定功能性議題的討
論與合作，並不樂見戰略安全議題列入東亞高峰會議程之
中。

第三節　衝突暨威脅預防的實踐與評析

　　亞太綜合性安全概念源自安全與經濟互賴連結，跨國
性安全威脅所帶來的生命財產損失與軍事武裝衝突一樣可

觀，傳統衝突預防概念已無法滿足區域安全之需求。在此，將衝突預防概念延伸至威脅預防，所指的是區域成員所共同面對的跨國性非傳統安全威脅。而威脅預防措施更仰賴功能性安全合作。

本節先討論結構性衝突暨威脅預防在上述新區域安全機制發展中的實踐情形；再以最近南海問題切入，討論直接衝突預防之成效。

一、結構性衝突與威脅預防

不論是東協區域論壇、東協擴大國防部長會議、或是東亞高峰會，最新發展中都呈現側重功能性安全合作，所造成的外溢效果主要在養成合作習慣，並改變區域安全關係架構，使其從強權戰略競逐所帶來的不穩定，朝功能性安全合作發展。不同於新功能主義，這個趨勢並非政策引導的整合工程，不會導致區域政治整合；功能性安全合作乃區域成員面對共同安全威脅必然且必須採取的威脅預防措施。

（一）東協區域論壇災難救助合作

2007年9月及2008年5月針對災難救濟進行演練(Desk Top Exercise on the Disaster Relief)，已經超越災難救助期間會議(ISG on Disaster Relief)的信心建立措施，被視為是針對非傳統安全威脅所做的預防措施。

　　軍方參與國際災難救助之相關規範成為跨國合作順利進行必須先行處理的問題，為此，在第一次演習之前東協區域論壇即召開東協區域論壇軍方參與國際災難救濟法律規則研討會(ARF Seminar on Laws and Regulations on the Participation in International Disaster Relief by Armed Forces)，雖各成員國在國內多已制定軍隊參與災難救助的法律規則，但在國際上災難救濟規範上卻尚未發展成熟。與會者認為軍隊參與救災可快速提供人力與技術協助，將災害損害降至最低，並扮演重要角色；然而，他們也認為軍力只能被當作最後手段，且不可被運用在長期重建上。

　　2009 年第 16 屆東協區域論壇上通過了 2009－2011 年的東協區域論壇災難救助工作計畫(ARF Disaster Relief Work Plan (2009-2011))，希望協調論壇本身以及成員間所舉辦的區域性的災難防範訓練。2010 年第 17 屆東協區域論壇通過了《東協區域論壇人道救助與災難救助策略指導》(The ARF Strategic Guidance on Humanitarian Assistance and Disaster Relief，HADR)，提供軍民協作步驟，以利減少救災的反應時間。策略指導不具法律約束力，重視國家主權，主要僅是聚焦在對災難的緊急回應，而且不適用在災後重建活動。2012 年通過另一期 2012－2014 工作計畫，其中工作計畫包含三項新的優先領域：一、提升網絡與資訊分享來增強東協區域論壇參與國在風險評估、監督和早期預警的能力；二、提升在人道救援與災難救助上與國際合作和協助；三、提升協調人道救援與災難救助各國間操作能力。

　　2009 年 5 月東協區域論壇災難救濟應變自願演練(The

ARF Voluntary Demonstration of Response on Disaster Relief)
係採自願參加模式，之後每兩年舉辦一次，旨在透過實際
演練行動加強東協區域論壇成員國能力建構。在準備及操
作演練過程中相當重視民間與官方協調，測驗現有之協定
與機制、並加強國際聯合協調救災之能力。2009 年 ARF
DiREx 由美國與菲律賓主導，2011 年與 2013 年則分別由日
本與印尼、泰國與韓國主導舉辦演習。

（二）東協區域論壇海事安全合作

2008 年東協區域論壇通過成立海事安全間期會議。海
事安全一直是區域安全關切重點，尤其在 911 事件後，反
恐及馬六甲海盜問題使海事安全議題在亞太安全合作中受
到重視。自 2003 年以來，大致討論主題包括海洋恐怖主義、
海盜、海上跨國犯罪如：武器走私、販毒、海上非法移民、
以及海洋汙染；論壇亦通過以《聯合國海洋公法公約》
(United Nations Convention on the Law of the Sea, UNCLOS)
以及《制止危及海上航行安全非法行為公約》(Suppression of
Unlawful Acts Against the Safety of Maritime Navigation, SUA
1988)規範行為。但出於尊重各國主權，參與相關訊息交換
以及演練仍採取自願方式。(Haccke 2009)在 2004 年時，參
與各國把重點放在如何交換訊息與建立對參與各國的能力
理解上，要直到 2005-2006 年間新加坡的大力推動下[6]，才

---

[6] Singapore, Annex-E, ARF Maritime Security Capacity Building

爭取到在二 21 個參與國在 2007 年 1 月時透過虛擬情境地圖,落實海事安全操作能力演練。

近期針對海事安全議題,日本、美國和澳洲都與東協國家有不同程度上的合作,日本提供東協國家如印尼和菲律賓海防人員有關的訓練以及巡邏艦;美國太平洋艦隊也和菲律賓緊密合作,提供海防訓練以及高科技的「南方海岸監看」(Coast Watch South)監視系統來提升東南亞的海洋安全能力;澳洲則是多次與新加坡、馬來西亞、印尼等東南亞國家進行海洋安全演練。(Haacke 2009)截至 2014 年海事安全期間會議共計 6 屆,主要還是將目標放在討論相關的規範上,2011 年通過的工作計畫(ARF Work Plan on Maritime Security, 2011)當中,預定將能力與信心建立放進要務,其中也鼓勵進行各種程度無論是桌面或是實際的合作演練,然而演練僅為合作項目的建議,沒有實際列出任何的時間表。美國、印尼、南韓接過主席國後,對於聯合國海洋公約進行了討論,截至 2014 年,會議後續仍無演練的討論。

(三)東協區域論壇反恐議題合作

2001 年 911 事件及 2002 年 10 月峇里島的恐怖攻擊後,東協區域論壇積極討論反恐議題,澳洲與新加坡於 2003

Exercise A Concept Paper. Chairman's Report ARF Defense Officials' Dialogue Vientiane, Laos, 18 May 2005, p.1

年 6 月舉辦了東協區域論壇對反恐的工作坊，其中包含了互動式的桌面演練；另外，東協區域論壇也於同年成立了反恐與跨國犯罪期間會議(Interssessional Meeting on Counter-Terrorism and Transnational Crime, ISM CT-TC)，提出相關反恐合作措施。大多數的措施其實多半是以國家或是雙邊的角度出發，且由參與國自願參與，因此討論與執行仍有所侷限。至於在情報分享的部分，出於國家安全的考量，內容也侷限在初階的策略情報以及後續的戰術情報，也就是說情報單位之間並不會針對最新資訊進行即時交流。(Haacke 2009, 431-432)

美國在第 6 屆反恐與跨國犯罪間期會議上提交了東協區域論壇的工作計畫，為免合作流於空談，工作計畫決議將參與國的合作盡可能地往實際操作的層面發展，後續相關計畫在部長同意過後，交由資深官員具體化細節。東協區域論壇的外長在此之後在反恐議題上開始與公民社會及私部門(如媒體)一起合作。東協區域論壇與反恐相關的演習本身並不是固定排程發生的，而且考量到參與國眾多，雙邊或是多邊的實際合作可能會比全員參與來得容易，因此在反恐議題上，許多東協區域論壇建構能力的合作是以數國參與的形式進行。

（四）東協區域論壇不擴散與裁軍議題合作

早期東協區域論壇對於不擴散與裁軍議題已有討論，1996 年即有不擴散與裁軍相關的研討會；在 2004 年，東協區域論壇即發布了不擴散的宣言,宣言當中指出大規模毀滅武器的擴散會對國際社會的和平與安全造成威脅、增加恐怖組織使用風險。國際社會應朝建立多邊裁軍的協議努力,各國法規中亦應詳細規範大規模毀滅武器以及其成分的流通。(ASEAN Regional Forum 2014, 280)

在 2007 年,東協區域論壇針對聯合國安全理事會 1540 決議案內容發表支持,並建議參與國應致力於:一、提供 1540 委員會國家執行 1540 決議案的資訊,如:相關行動規劃;二、東協區域論壇區域將致力於實際能力建立的活動和合作幫助參與國完成 1540 決議案的需求;三、更進一步交流針對 1540 決議案的討論。(ASEAN Regional Forum 2014, 283)

2009 年成立不擴散與裁軍期間會議(Inter-Sessional Meeting on Non-Proliferation and Disarmament, ISM-NPD),以作為能夠討論相關議題的平台;同時聚焦在聯合國安全理事會 1540 決議案的區域執行上。2010 年特別針對核能與和科技的和平使用之相關問題進行討論。東協區域論壇成員不乏尚需大量能源發展經濟的開發中國家,核能是一項重要能源選項,如何規範核能和平使用,確保東南亞無核武區域(Southeast Asia Nuclear Weapon-Free Zone, SEANWFZ)之建立,是各國關切的重點。2012 年日本福島核災之後,核安問題又成為焦點。

在不擴散與裁軍問題上,美國主導議題發展,主張零核武,然而東協區域論壇並非達到此目標之主要管道。成員多同意原則,但也清楚全球建制才是此議題訴求的主要場域，東協區域論壇必須與全球不擴散及裁軍建制進行交流，方能使期間會議有所效果，因此除聯合國 1540 決議之執行之外，亦需重視不擴散條約檢視會議(NPT Review Conference)之發展。除俄羅斯態度較為保留之外，區域強權對此多採合作態度。

（五）東協擴大國防部長會議與東亞高峰會的威脅預防

在第 1 屆東協擴大國防部長會議中，成員同意五個主要合作領域，分別為海事安全、反恐、人道救援以及災難管理、維和行動和軍事醫療，並成立五個相對應的專家工作小組(Experts' Working Groups, EWGs)。第 7 屆東協國防部長會議也循此原則成立人道主義排雷行動計劃的專家工作小組。2013 年間，東協擴大國防部長會議成員進行多項演練，2013 年 6 月 17-20 日在汶萊舉行人道援助暨災難救助與軍事醫務演習(ADMM-Plus HADR and Military-Medicine Exercise)；9 月 9-13 日於印尼進行反恐演練；9 月 28 到 10 月 1 日於澳洲進行海事安全實地訓練演練。這是東協成員的軍隊與非東協國家首度進行聯合演習，雖是非傳統安全演習，仍被視為是亞太安全合作的新里程碑。另，2014 年 2 月 11-14 日擴大部長會議維和任務專家工作小組亦在菲律賓馬尼拉進行了桌上演習。

至於東亞高峰會在威脅預防方面的合作，2009 年通過的《華欣東亞高峰會災難管理宣言》（Cha-am Hua Hin Statement on EAS Disaster Management），再次確保維持且發展降低災難風險以及災難管理等有效的區域措施、機制以及能力。成立災難東協災難管理委員會（ASEAN Committee on Disaster Management, ACDM）以了解東協區域論壇和其他區域協議在降低災難風險和災難管理上的作為。2012 年宣布將透過東協災難管理和緊急回應協定工作架構（ASEAN Agreement on Disaster Management and Emergency Response (AADMER) Work Programme）以及與印尼和澳洲增進區域災難快速反應合作實作途徑（Indonesia and Australia Paper on —A Practical Approach to Enhance Regional Cooperation on Disaster Rapid Response）的兩項計畫來進行合作。

美國加入東亞高峰會後，除災難管理之外，在其他威脅預防合作項目上也有諸多進展。美國提出且重申的相關主張大致有三點：一、海事安全；二、反核武擴散；三、災難回應與人道救援；另外又於 2012 年的時候提出能源和健康等倡議。(White House 2011/11/19 and 2012/11/20)

二、針對南海緊張情勢的直接衝突預防

2009 年之後，區域成員共同面對的區域緊張情勢以南海安全成為首要共同考量。從組織制度面分析，不難看出亞太多邊機制並無法實際解決南海爭端，但卻可能發展衝突避免(conflict avoidance)及衝突管理(conflict management)措施，為原來處理南海問題的東協中國大陸「雙多」邊途徑加入一些新想法，使衝突預防或衝突管理途徑多元化。

　　南海問題自 2001 年中國大陸簽署《東南亞友好合作條約及東南亞無核武器區條約》(Southeast Asian Nuclear-Weapon-Free Zone Treaty, SEANWFZ)後，雙方重申透過對話與諮商處理南海問題；開始展開以東協-中國大陸「雙-多邊」途徑處理南海問題。2002 年簽署南海各方行為準則後，開始緩慢進展。2004 年東協與中國的資深部長會議決定成立東協-中國執行南海各方行為宣言聯合工作小組會議(ASEAN-China Joint Working Group on the Implementation of the DOC)，但再次有所積極行動是在 2010 年希拉蕊於東協區域論壇發言之後。

　　東協區域論壇在歷屆的外長會議中，南海問題經常被提及，但多半流於呼籲性質的外交辭令。2010 年越南為東協主事國，透過與美國的默契與合作，成功地將南海議題呈現在東協區域論壇中。希拉蕊在越南河內召開的第 17 屆東協區域論壇部長會議中表示，美國是南海情勢的利害關係國，南海航行自由(freedom of navigation)、亞洲海洋共同資源開放通路(open access to Asia's Maritime commons)及對國際法的尊重(respect for international law)等，皆涉及美國國家利益；對於南海主權爭議，美國雖不會直接支持任何一方之主張，但反對任何一國單邊宣告主權，或以任何形式之威脅做為解決爭議的手段；並希望南海主權爭議能依照《聯合國海洋法公約》(UN Convention on the Law of the Sea)，循多邊協調外交(collaborative diplomatic process)方式解決。(Clinton 2010/07/23) 2011 年 7 月 24 日在東協區域論壇部長會議中，希拉蕊再提聲明，希望各南海聲索國遵守國際法，針對其各自的南海主權主張提出有效的法律證據，而不該僅以歷史水域作為佐證依據。(Clinton 2011/07/24)

　　美國重返亞洲後在東協區域論壇發表南海問題立場所帶來的震撼，反映在各國南海軍事部署（包括與美合作部分）、外交折衝、及雙邊合作上，使南海成為強權區域戰略佈置重鎮。而針對區域多邊途徑發展，各方亦開始討論哪一區域機制具備處理南海問題的正當性。東協國家大致認為美國於東協區域論壇的發言是合理之舉，主要因其符合該論壇成立之宗旨：舉凡與亞太安全相關之議題皆可於論壇中提出討論。更何況南海問題在東協區域論壇成立之初就被提出討論，但東南亞國家面對中、美在南海問題上的不同立場，則以慣有的避險策略小心回應。美國此次登高一呼，引起諸多非東協國家對南海問題之關注，東協國家唯恐對情勢掌控將不若於前，因此重申「中國-東協」之解決管道為最佳途徑，不願將問題過度「國際化」，最終仍視中國與東協的對話機制為化解南海紛爭的主要場域。

　　經過幾次會議，中國大陸與東協在 2011 年 7 月 20 日達成協議，同意通過《南海各方行為宣言執行指南》(The Guidelines for the Implementation of the Declaration of Conduct)，並將召開後續會議討論未來發展。該文件雖不具法定約束力，但多少顯示東協與中國大陸落實《南海各方行為宣言》(Declaration on the Conduct of Parties in South China Sea)及發展《南海區域行為準則》(Regional Code of Conduct in the South China Sea)的政治誠意，因而被視為南海地區衝突管理的重要一步。不過，該文件仍然僅是一份具大方向、原則性之協議，對於海域主權界定仍然模糊、各有所依，且意見分歧。因此若要完成真正具有法律效力、拘束力的南海各方行為準則，仍需繼續努力。雖然中國大陸與東協在南海問題上有一定默契，但其他非東協利害相關國仍持續注意南海情勢，企圖透過區域機制關切其發展。

2011 年印尼是東協主事國，其雖非南海主權聲索國，但向來關切南海情勢。除東協中國大陸「雙多邊」途徑與東協區域論壇之外，印尼也鎖定東協國防部長會議做為共同處理南海問題的場域，2011 年 5 月 19 日第 5 次東協國防部長會議在雅加達召開，如印尼所規劃的，一改以往特意避談的默契，南海問題首度在該會議中被提出討論。會後與會國共同發表了一份聯合宣言，重申根據國際法《1982 年聯合國海洋法公約》保障南海區域的航行自由，催生一套管理南海領土爭議的規則，並同意加強東協成員國之間的國防安全合作，以確保並促進區域和平與穩定。緊接在 2011 年東協國防部長會議之後召開的第 1 屆東協擴大國防部長會議，美國由國防部長蓋茲親自出席，會中美方發言側重海事安全問題，主張以國際多邊途徑處理紛爭。蓋茲雖未直接指出南海問題，仍觸動了中國大陸的緊張神經。

2011 年美國首度以會員身分參加東亞高峰會，鎖定的便是南海問題。歐巴馬除重申美國對主權爭端解決的既有立場之外，特別強調美國是一個太平洋強權(Pacific power)、海事國家(maritime nation)、也是亞太地區的安全保證者(guarantor)，對海事安全，尤其南海問題，有極高度的利害關係，不可能忽視不顧。(While House 2011/11/19)參加的

18 個國家中，共有 16 國領袖針對南海問題發表言論，使東亞高峰會不再是一個避談敏感區域安全問題的場域。2012 年第 7 屆東亞高峰會在柬埔寨金邊舉行，會前中國大陸向柬埔寨施壓，希望美國在會中不要提及南海問題，而只將其限縮在東協與中國大陸會議中討論，但其他與會國並沒有同意，除了美國之外，日本、澳洲及部分東協國家皆紛紛在會議中對南海表達關切。在主席聲明中，原柬埔寨版本應中國大陸要求不列入南海問題，但經菲律賓、新加坡、印尼、越南、汶萊等 5 國抗議後有所修正。

2013 年歐巴馬因國內問題沒有出席東亞高峰會。大致而言，美中在第 2 屆東協擴大國防部長會議或東亞高峰會的交鋒，都較為緩和，但並不意味著南海情勢的好轉。亞太多邊安全機制仍受限於組織設計，對緊張情勢僅能發揮緩頰作用。例如在第 2 屆東協擴大部長會議中，時任美國國防部長 Hagel 的出席以及發言，特地和時任中國國防部長的王強見面，表明美國平衡亞洲的政策並不含有圍堵中國的意味，甚至表示美國是希望能夠藉著參與東協擴大國防部長會議進一步和中國大陸在亞太區域接觸。(Glaser 2013/09/05)

結語

東協模式在東協憲章架構下做了些許調整，包括針對爭端解決程序的確定及東協主席國預防外交角色的推進；

此外，東協國際法人地位提升，使其開始與聯合國或其他國際組織合作扮演衝突預防第三者執行角色；然而，這些變化均尚未延伸至以東協模式為運作基調的亞太多邊安全機制之衝突預防功能。

美國新亞太多邊政策對亞太多邊主義發展之影響則較為明顯。在衝突暨威脅預防措施方面，美國提供能力建構所需之訓練與資源，包括擴大東協水手訓練(Expanded ASEAN Seafarers Training, EAST)、開放國際成員參加美菲聯合戰備訓練、建立美國與亞太區域永續能源全面夥伴關係(U.S.-Asia Pacific Comprehensive Partnership for a Sustainable Energy Future)等。在議程設定方面，強化東亞高峰會對非傳統安全威脅預防之重視，使東協區域論壇、東協擴大國防部長會議也因美國的積極參與朝向成果及行動導向的安全合作邁進。

然而美國的積極參與並沒有改變區域成員所堅持的不干涉原則，以及國家能力差異所帶來的操作性問題，因此，直接達到共同防禦非傳統安全威脅的目標仍難以達成。此外，中國大陸對美國主導的議程並沒有坐視不顧，其力阻南海問題在東亞高峰會中討論，同時中美亦在東協區域論壇功能性安全合作方面互別苗頭。中美在亞太多邊主義發展過程中的競逐成為下一個觀察課題。

第六章
理論反思

　　亞太經驗的理論探討是務實前瞻未來之關鍵。亞太安全多邊主義發展至今似乎已經無法迴避中美強權競逐的影響,使理論探討再度陷入工具論與制度論之辯論。區域多邊組織一方面可以是強權確保區域戰略利益之工具,一方面也是中小型國家得以用來牽制強權的工具。區域安全秩序的多邊途徑唯有在各方皆願意受約制的情況下方能有所作用,若有一方認為不符其戰略利益而退出多邊途徑,即破壞概括性多邊秩序建構之結構,使維持區域安全秩序的架構安排,可能趨向強權各據一方的排他性同盟對抗發展,回到冷戰零和的戰略思維;因此未來亞太多邊安全主義唯有建立在各方戰略互動均衡基礎上,方能穩定發展。

　　亞太安全研究的特色之一便是理論多元性(theoretical pluralism)。(Peou 2012)從不同的關切角度論述亞太安全秩序脈動,各有其適用性,也各有解釋不足之處。本章目的不在發展一個可以綜合分析當前亞太地區多層多軌的安全合作架構,亦不在創造足以處理所有安全威脅的大理論(grand theory),而是回到多邊主義研究的本質,從國際合作理論所關切的幾個制度基調問題(例如:合作誘因、組織設計特色)、區域組織衝突預防功能、以及戰略均衡等角度,探討亞太區域安全多邊途徑的經驗所帶來的理論意涵，做為下一章前瞻亞太衝突預防多邊途徑之基礎。

第一節 國際合作理論與亞太經驗

結構現實主義與新自由制度主義皆認為國際社會的無政府狀態不必然是失序現象，但對於維持秩序的方法有不同見解，對國際制度在維持秩序的功能上也有不同解釋。結構現實主義視無政府狀態為一國際體系結構，國家行為受限於此結構，以追求相對利益為目標；國際互動如零和遊戲，國家間因而缺乏合作動機。(Waltz 1979, 105)新自由制度主義所謂的無政府狀態則是指國際社會中沒有一個共同政府，亦沒有授權管理國際互動的機制。(Axelrod and Keohane 1985, 226; Keohane 1984, 7)但也因為這樣的狀態，使各行為者得以發展不同互動模式；然而，國家於國際社會中有如球隊加入賽局，一旦加入就已經接受遊戲規則。而國際社會最基本的規範及遊戲規則便是主權互惠，個體依平等原則，追求絕對利益的理性行為模式促成了國際合作。(Powell 1991, 1305)

至於追求相對利得的國家行為模式是否真的阻礙國際合作？Snidal 認為在兩極零和體系或當合作動能集中在幾個強權手中時，相對利得可能成為無政府狀態下阻礙國際合作的因素。然而若在多極多邊體系，即使是零和賽局，追求相對利得的個體仍有可能合作。當參與人數越多，相對利得對合作與否的影響則減少。[1](Snidal 1991a)事實上，在現實中並不存在一個理性單一的國家，各國利益界定常因面對的環境限制而改變，今日的絕對利得可能成為明日的相對利得，國家合作行為也會隨利益重新界定而改變。(Powell 1991, 1316)新自由制度主義假設國家為理性行為者，以利益為基礎分析國際合作誘因，主要目的在簡化理性行為者之策略思維，找出行為者之決策模式；並認為國際合作行為是策略性決策的結果，與行為者在國際體系權力結構中之地位不必然相關。(Stein 1983; Keohane 1989; Martin 1999)

雖然國際建制的形成源自個體追求自我利益(self-interest)，但一旦形成之後，自我利益不再能完全解釋國家行為；國際建制中隱性(implicit)與顯性(explicit)規範同時影響國家持續參與的動機，(Krasner 1982)Keohane 與 Nye 因此把國際建制定義為「一套治理安排」(a set of governing arrangements)(Keohane and Nye 1977, 54)。即使是現實主義學者，都同意國際政治是一個在「最優前沿」上的發展生態(a life on the Pareto Frontier)：透過國際合作，國家有效率的運用權力資源；若沒有國際制度，國家互動則遠落在「最優前沿」後方。(Krasner 1991)也就是說，國家行為以權力資源為基礎，但同時受到規範及利益交錯影響。

國家戰略性決策所處理的問題一般可分為兩大類：一是協作問題(collaboration)，一是協調問題(coordination)，兩

---

[1] Snidal 用囚徒困境重複賽局實驗得到此一結論。

者在制度設計上有不同考量。協作問題面臨的兩難比較類似囚徒困境賽局，當參與者之間缺乏信任，則必須經過反覆的互動經驗確定互惠原則。其關鍵在資訊透明化，使參與者彼此了解行為模式，因此在制度設計上確保資訊互惠原則是吸引各國參與的誘因。(Axelrod 1981) 而為防止各國持續想要背離的動機，較高層次的制度化則有其必要。(Snidal 1985)至於涉及協調問題時，各國通常同意一般原則，但對細節或實際所採用的準則並不明確。這時國際組織即提供了溝通協商的場域，因此，處理協調性問題的制度設計通常只需要低層度制度化、以常規或慣例(convention)為基礎之論壇模式為主，主要目的是在蒐集資訊、進行非正式諮商以瞭解彼此選項，並期望這個論壇模式可以促進談判。(Snidal 1985)

過去多用於解釋國際政治經濟問題的新自由制度主義，其強調以利益為基礎的國際合作誘因是否適用於分析安全合作？尤其亞太安全多邊主義不以解決特定衝突為目標，也非針對特定議題進行談判或訂定規範，而是透過制度設計，給予參與國高度政策彈性空間，然而，這樣的合作模式是否能估算相對利得？此外，安全議題不同於經貿議題，難以量化利得分配，若戰略安全利益是一個相對利益概念，那麼在兩極零和賽局或權力集中於少數強權的結構下很難達成安全合作。

若在多邊多極形勢下，則不存在相對利得問題；若在集體安全不可分的原則下，對維持區域「無戰事」的整體安全利得而言，合作顯然大於不合作；若就個體為緩解安全不確定性的絕對利得而言，區域成員最優前沿的戰略性決策便是合作。安全不可分的特質使得不論大國或小國，所享用的「無戰事」安全利得是相同的，即是使安全合作的利益格局呈現對稱結構。若所處理的是協調問題，那麼在組織設計上所重視的是制度原則，而不是協作所需之強固型的正式組織(formal organization)。(Martin 1992)

就亞太多邊主義發展而言，後冷戰時期的亞太安全形勢呈現多邊多極結構，區域成員進行安全合作誘因難以相對利得估算；但「無戰事」的整體安全利得則可對稱共享。在區域成員互信低、異質性高的特質下，區域合作強調國家主權及互不干涉原則，因此無法達到如歐盟般的超國家整合模式，而是以政府間區域組織合作模式為主；其主要功能在於資訊交流與政策諮商協調，對所產出的共識容許各國以單邊自願方式執行。

亞太多邊安全途徑目的在於衝突預防，而不是防禦同盟。後者屬於需高度信任、高度制度化的「協作」安排，此多需正式簽署條約，並規範締約者之間的權利義務，以形成排他性的軍事協作安排；前者則在確立不使用武力為標竿後，對於達到此共同目標的細節與方式再透過常設性機制另行商榷。而此常設性機制之組織設計，如前述以低度制度化論壇模式為宜；在成員組成上，以概括性原則為佳，並以確保區域成員皆認同衝突預防為目標。

亞太多邊安全機制的低度制度化安排，符合成員合作利得期待，同時與新自由制度主義對於處理協調問題的主張吻合。此低度制度化的安排在東協模式運作下，使國家彼此間的互動並非一次性，而是呈現一種長期關係的建立，背叛行為的代價不會由開始互動中的其他行為者吸

收，而是記入下一次互動的成本與效益之中。以東協模式
為背景的重複賽局中，行為者的聲譽和背叛成本皆有其重
要性，因此使得正式的查證程序和法律協定在合作架構中
較不必要。(Heller 2005, 128)

此外，在解釋東協區域論壇成立的諸多論述中，亦認
為低制度化的論壇模式有其特殊功能。Katsumata 反對以強
權政治來解釋，也不認為東協區域論壇是東協企圖留下美
國抗衡中國崛起的設計；而認為其乃源自 1980 年代冷戰結
束前第二軌道外交對合作安全概念的討論。當具官方身份
的政治菁英彼此透過非正式諮商、或與第二軌道智庫網絡
進行雙軌交流時，東協區域論壇成為一個規範醞釀廠(norm
brewery)。(Katsumata 2006)而低制度化論壇的彈性是各方表
達立場的最佳組織形式。

國際建制也是新自由制度主義主張對國家行為的一種
約制安排。安全建制(security regime)是以利益為基礎的安全
合作理論最適前沿國際制度，兼顧主權與互惠原則。安全
建制為國家之間得以相互約束的某些原則、規則、及規範，
基於此一相互性，國家得以預期所處環境的安全秩序。
(Jervis 1982, 357) 安全建制的形成並非在國家間完全和諧無
衝突的狀態下，而是在衝突與緊張可能仍存在的情況下各
國願意以合作的方式來處理彼此間的衝突。安全建制形成
的要件包括強權間必須體認權力結構現勢（status quo）、
各國必須有意圖要避免戰爭、各國預期在衝突發生時，其
行為會受到約制。(Jervis 1982, 360-362) 然而，國際建制途
徑畢竟不同於國際法途徑，換言之，正式具約束力的條約
式同盟關係反而非國際建制所指。

　　東協可被視為一個區域安全建制，成員基於對安全議題共有的經驗與期望，接受相互性的規則與規範，並建構一個得以嚇阻武力的區域安全秩序。(Tow 1990; Collins 2007)此一建制並不具排他性，而是開放概括性概念；即是期望東協規範得被非東協國家共同接受，包括被視為是區域安全威脅來源的國家參與。在延伸至亞太多邊安全機制時，安全建制展現亞洲途徑(Asian Approach)的特質，以政治方式為主，把焦點放在建立信任與互相理解上，並在過程中形塑一個擬建制（metaregime）的規範情境，以約制國家行為。(Alagappa 1998, 643)

第二節　區域組織的衝突預防功能

　　國際組織是國際制度研究的主體之一，通常指三個以上的國家，以特定原則使成員互動有序可循的多邊安排。當區域國際組織具有隱性(implicit)或顯性(explicit)的原則、規範、規則、決策程序時，使區域成員在某一特定國際關係領域中，可預期彼此互動模式；不論是功能性、操作性、或具戰略意涵的區域國際組織，都可被視為一個或一部份的國際建制。(Krasner 1982, 186; 郭承天 1996)。一般認為區域政治組織有助於對區域衝突的管控，區域和平有賴一個大區域政治機制來維持；但也有持相反意見者認為區域組織反而提供了一個強權角力的場域，把原本可以解決的問題複雜化，延伸更多的衝突可能性。而當區域國際衝突發生時，區域政治組織並不一定有足夠的資源與意願來擔任

第三者調解角色。(Nye 1971, 10-18)

　　然而，擔任衝突調解者並非區域組織建構區域秩序的唯一途徑，區域組織成員互動通常不僅止於外交辭令，也透過機制運作區域組織來促進凝聚集體認同(collective identity)、建構區域共同體，使區域秩序結構從權力平衡轉變為區域共同體。因此，以建立區域共同體為目標的區域組織可以是區域秩序的主要動力。(Rumelili 2007)針對安全秩序，唯在排除使用武力的安全共同體形成後，各國方能同意無軍備競賽之必要，解決安全兩難困境。(Archaya 1998, 201-202.)

　　最早提出安全共同體概念的應該是 Karl W. Deutsch，其認為在已開發國家之間，經貿互賴程度高、政治社會多元之條件下，為維護共同追求的民主自由及資本市場價值，各國因此願意讓渡部分主權，打破原有的國家體系，修正其利益認知，進而發展為超國家的區域主義。如此一來，將志同道合的國家透過政治經濟整合，以共同的制度將其連結，使其產生共同體共識，即形成安全共同體，確保國際間不會有武裝衝突，而是以其他方式解決爭端。(Deutsch 1957, 5)據此，安全共同體是一種由經濟利益驅動社會化過程所形成的多邊安全合作模式，其前提是各國同屬自由經濟與民主政治之已開發國家，而此論述主要以歐洲為例。(Deutsch et al. 1957; Adler and Barnett 1998; Oneal and Russett 2001)這樣的安全共同體概念被視為極度避免使用武力的「非現實主義」。(Mearsheimer 1994/1995; Lijphart 1981)

　　Adler 與 Barnett 同意 Deutch 指出的同質性是形成共同

體的要件，但認為安全共同體非一蹴即成，而是必須經過
一段集體認同發展過程，從互動中分享共同的價值觀及發
展經驗，真正培養社會認同感與共同接受的行為規範來管
理彼此的歧見。這過程應有三個主要階段：第一階段是建
立開展關係連結機制的初生期 (nascent SC)，第二階段則是
增進軍事合作關係、增加和平發展期許之提升期(ascendant
SC)，以及第三階段的成熟期(mature SC)，即成員間彼此已
擁有高度信任與集體身分認同。(Adler and Barnett 1998,
202-207)在 Deutsch 及 Adler & Barnett 的安全共同體概念
中，同質性與基於互信的共通認同(shared identity)是區域秩
序之基礎；而在 Fawcett 與 Hurrell 所主張的新區域主義中，
區域自覺(regional awareness and consciousness)因政策引導的
互賴關係而增加；(Fawcett and Hurrell 1995)但共通認同與區
域自覺皆不足以產生集體身分認同。唯透過區域組織
(institutions)會員間的政治性互動，整合會員間的異同，並決
定建構共同體之條件與會員間行為規範的取捨後，方能產
生集體認同。(Neumann 1996，166)

　　Deutch 的論述可以解釋政經發展同質性高的歐洲共同
體，但卻不能用來預測安全共同體在第三世界形成的可能
性。(Acharya, 1998)在亞洲經驗中，東協創始會員國多屬高
度威權政治體、低度經濟開發，且彼此之間僅有低度經貿
互賴關係與高度政治分歧。這些條件與 Deutsch 所言的前提
並不相符，但東協卻一直以建立共同體為目標；1967 年東
協宣言中已經將建立「繁榮與和平的東南亞國家共同體」
視為東協組織目標之一；之後 1976 年的《峇里第一協約》、
1997 年《東協 2020 願景》皆提出建立共同體構想。

　　然而東協共同體構想遭到諸多批評，宛如外交口號。首先東協成員國之間的政治發展程度上之差異，當中仍有體制脆弱的國家，唯有提升成員國之國家能力，有其成熟的政治環境後，東南亞達到所謂「成熟的無政府狀態」(mature anarchy)，東協才能向安全共同體邁進；(Rolls 1994, 77)否則東協安全共同體僅能稱作仿造共同體(imitation community)，無實質意義；(Jones and Smith 2002)或是萌芽中的共同體(nascent security community)(Bellany 2004; Peou 2002)。Amitav Acharya 的觀點則認為東協僅是一個形成安全共同體的預兆，不能算是成熟安全共同體。(Khoo 2004)人民持續對和平演進(peaceful change)抱有期望與依賴是建構安全共同體之重要基礎。(Acharya 2003, 16)

　　分析東協提出共同體概念背景與動機，成員國的合作策略思維較符合新自由制度主義之假設。也就是以自身利益為前提，期待藉組織達成符合自身利益的效果與目的。東協基本上是一個危機驅動的機制(crisis driven institution)，成員國純粹視東協為具策略性與實用性的危機回應機制，也很難超越這個形象以建立共同體為長遠目標。從成員國主觀的政治意願來看，主權不干涉原則仍是區域合作的基礎，因此對於高度制度化的共同體建構仍感卻步。這樣僅願意用低成本、省時間的權宜之計，敷衍的展示想將東協法制化的意願的行為，被社會學家認為是一種「模仿行為」(mimicking)，更被批評為「空殼」(empty shell)，甚至是模仿共同體(imitation community)。(Tan 2012)成員對安全共同體雖有所期待，但卻非緊密的建制形式，屬脆弱的多元安全共同體(pluralistic security community, PSC)，也不

具真正維持安全的實際作用。(Emmerson 2005)

　　Acharya 從建構論切入，認為安全共同體之建構從改變行為體之長期利益認知與培養集體認同開始。其過程有賴自我反射(self-conscious)、社會心理建設(socio-psychological)、及未來想定(imaginative)，而非利基於短期的利益期待，或受制於權力結構行為。（Acharya 1998, 200-201）亞太地區成員多樣性及彼此缺乏信任的複雜關係，使其無法真正發展歐洲超國家安全共同體，而必須以諮商論壇的方式進行，在成員組成上則採開放包容性原則。然而，Acharya 對論壇模式的安全共同體並不具信心，(Acharya 2009a)因其使各國在多邊機制中都盡量尋求最沒有爭議或分歧的議題，但一旦強權會員國家利益與區域機制的目標相斥，會員模糊的身分認同、緩慢進展的組織化、都將成為多邊主義繼續運作的考驗。(Acharya 1997a)

　　雖有諸多質疑，Michael Leifer 認為透過 1991 年巴黎協定，東協已在國際事務上展現集體外交 (collective diplomacy)，並影響區域衝突之發展，因此，東協可被視為外交共同體(diplomatic community)，在區域戰略環境中扮演一定角色；(Leifer 1999, 31)但對未來發展成為一個真正的安全共同體(security community)仍有諸多挑戰待克服。Leifer 認為柬埔寨問題是隨冷戰結束後緩和，東協在柬埔寨戰爭中並未扮演締造和平的角色，僅是出席相關會議並參與討論，在會議中亦僅屬於外交邊陲而非核心，因此，柬埔寨問題不能說是透過東協體制來解決的。

　　東協安全共同體概念在 2003 年《東協峇里第二協約》中有較明確之方向，其目的不在建構一個防禦條約、軍事同盟或聯合對外政策（joint foreign policy）的排他性安全體系，而是以和平解決爭端、尊重各國對外及軍事事務主權、並恪遵聯合國憲章中的不干涉原則等規範做為區域秩序之基礎；此外，並特別強調東協安全共同體以「東協2020願景」所揭示的綜合性安全合作為範疇。在議題方面則涵蓋反恐、毒品走私、人口走私等跨國犯罪及非傳統安全問題。協約中同時主張東協安全共同體的外向性（outward looking），繼續以東協區域論壇做為東協強化與其對話伙伴諮商安全合作事項的主要場域，並希望在東協區域論壇中扮演驅動角色。

憲章生效後，安全共同體修正為政治安全共同體，是東協共同體三大支柱之一。其目標之一在以政治發展合作為框架，促進各國對人權及民主價值之重視，同時強化衝突預防與衝突後重建之協調合作。東協成員國願意討論國內政治發展，企圖突破過去基於特殊區域安全顧慮而強調的「不干涉內政原則」，對當前政治發展合作所造成的牽絆，將安全合作提升到另一層次。在具體作為上，東協憲章給予東協促進人權的正當性：根據東協憲章第14條，成員國同意成立東協人權機制；2009年又成立「東協政府間人權委員會」(The ASEAN Intergovernmental Commission on Human Rights, AICHR)。縱使該委員會因被定位為諮詢機構，而非人權調查執行單位，且對各國境內人權評鑑仍以各國政府所提出的人權報告為主要依據，引起各界對東協政府間人權委員會未能成為獨立人權調查單位之詬病；但在東南亞高度異質的政治環境下，各界仍認為該委員會的設置是個難得的突破，可謂東協共同體建構進程中的重大里程碑。

　　東協政治安全共同體並非排他性的集體防衛體系，其目的不在共同抵禦外在威脅，而是重視與非東協成員國之間連結的開放性安全共同體；在安全內涵方面，延續東協一向主張的綜合性安全合作，並進一步強調以民主人權為價值核心的政治發展合作。在各成員國政治體系分歧的背景之下，集體接受民主價值的承諾，已可被視為邁向共同體的一項重大突破；在安全途徑方面，東協政治安全共同體以非軍事手段為主，成員國之間以聯合國既有規範相互約制來維護區域和平穩定，並持續透過與對話夥伴的對話諮商等外交手段與國際安全秩序連結。

　　當然，亞太地區唯一有的安全共同體建構經驗來自東協，但東協經驗對亞太地區之意涵仍有待著墨。Narine 一向認為東協與東協區域論壇不同，在東協可行的衝突管理模式不見得適用於東協區域論壇。他提出了三個主要考量：首先，兩者成立的歷史背景與安全環境不同，東協是一群弱小國家企圖以最低層度的合作共同面對外來威脅，而東協區域論壇成員不對稱的權力結構使其個別的安全認知不同，合作動機自然不同；其次，東協國家願意戰時擱置爭議，謀求合作，已循序漸進的方式解決衝突，但東協區域論壇成員並不見得願意集體擱置爭議，這個現象使得最不合作國家很容易成為集體行動的障礙；最後，東協也許可以使強權接受其所提出的議程，但卻無法強制執行，換言之東協能使強權聚集，但僅作為中介角色 (intermediary)。(Narine 1998b: 209-210)

　　那麼亞太安全共同體的可能發展方向為何呢？Tan 同

樣以亞太經驗反思 Deutch、Adler 與 Barnett 的安全共同體概念，推論亞太地區由主權國家得組成的多元化(pluralistic)安全共同體需具備以下四個特質：第一、參與國有維持和平的共同期許，因此彼此在爭端處理時不使用武力；第二、成員利用正式與非正式機制來減少、避免、管理、解決彼此間的衝突；第三、成員之間避免武備競爭(competitive military buildup)與安全困境(security deliemma)；第四、成員間擁有高度的經濟與政治交流合作，成為維持和平的必備條件。在制度設計上，Tan 指出成熟期的安全共同體有鬆散與緊密兩種組織型態，前者透過多邊決策機制，共同界定威脅及規範，逐漸增加軍事合作，但各成員仍維持自主性；後者有高度的軍事合作關係、對外來威脅有共同防禦機制、面對內部威脅則有共同的措施協調機制。(Tan 2012)可以想見前者顯然更適用於亞太地區。

第三節 合作霸權與戰略均衡

在區域主義研究中，亞太區域主義過去常被用來與歐洲區域主義比較，然而所得到的結論幾乎都是兩者各自具有區域特質、亞歐經驗同樣值得研究。當前亞太地區多邊主義已經發展到一個程度，更恰當的比較研究應該是「昔」與「今」之比較。(Alagappa 1998, 637)後冷戰時期強權戰略對區域安全多邊機制之形成並沒有顯著影響；相對的，中小型國家透過多邊機制中的規範與同儕壓力平衡區域內優勢國家的單邊主義，並整合中國大陸進入區域化過程，同時限制美國的單邊主義。(Harris 2000)而當前亞太區域多邊主義的發展脈動的最大不同則是在強權的積極投入,使得亞太多邊主義不再只是中、小型國家特有的戰略工具。中日兩強早在亞洲金融風暴後即展開區域經濟整合制度主導之爭,2009 年後,隨歐巴馬政府將區域安全多邊途徑列入亞洲再平衡政策之主軸之一,美國不可避免與長期經營亞太多邊主義的中國大陸展開一番戰略競逐。中美如何在既有的亞太多邊機制中共處?或各自另立版圖?勢必成為一個新研究問題。以權力為基礎的國際合作理論在亞太地區的適用性因而再次被重視。

以權力為分析概念的國際合作理論以霸權穩定理論影響最大,其主張霸權結構性領導(structual leadership)對國際組織之形成與穩定發展有其必要性,機制運作之效能與組織發展亦會隨霸權式微而衰退。然而,亞太安全多邊主義並非源於強權地緣戰略的產物,而是由在結構上處於相對弱勢的東協為制度基礎所發展而來。之後區域內多層多軌的合作架構亦屬東協延伸而來,在運作基調上並沒有出現所謂強制霸權(coercive hegemon)迫使他國服從之現象。在強權權力消長的過程中,亞太多邊機制運作基調也沒有因而變化,因此,亞太經驗似乎與以權力為基礎的霸權穩定理論之預期相去甚遠。

不同於特殊功能所產生的特殊安排,多邊主義制度(institution of multilateralism)的形成乃透過常設性機制,影響國家行為。就安全領域而言,集體安全不可分原則(indivisibility)與擴散互惠(diffuse reciprocity)原則是安全多邊主義制度的兩大內涵。前者指當區域成員之一受到安全威脅時，因安全不可分的互賴特質，使全體成員同時面臨相同的安全挑戰；後者指成員著眼於確保長期關係的穩定，而非短期的特定利益交換。(Ruggie 1992, 569-574)換言之，各國犧牲某種程度的決策彈性，排拒短期的利益誘惑以換取長期的戰略穩定，使國際制度可以是各國主動的戰略選項，也可以是限制國家行為的工具。(Martin & Simmons, 1998)多邊途徑的選擇與多邊制度的成形是各國針對特定議題的戰略互動結果，多邊制度的發展亦多視各國參與多邊機制之戰略而定。(Martin 1992)

這個看法似乎與現實主義的「工具論」相通，唯新現實主義認為強權各自的區域戰略與區域國際關係是亞太多邊主義發展之自變數，因而弱化了東協角色。多位學者認為東協區域論壇的形成正突顯出東協無能力而必須邀請強權共同處理區域安全問題之例，其未來發展自然也視強權區域政策而定。(Goh 2007; Buzan 2003; Ashizawa 2004; Gilson 2007)然而這些文獻並沒有真正去解釋強權的「合作」行為，亦沒有解釋東協區域論壇為何成為強權選項：為何諸多強權願意在同一機制下進行互動甚或進行政策協調？強權又為何願意持續這個合作行為而沒有另外開啟新的安全合作機制？

若誠如工具論所言，強權因區域戰略所需選擇多邊主義，那麼亞太經驗並未使強權在多邊機制的運作上握有優勢。東協區域論壇的成立是東協安全模式的擴張，其衝突預防概念與措施並非針對強權區域關係所設計。新現實主義者憂心單憑信心建立措施無法處理強權關係，東南亞及東亞安全情勢可能因強權戰略競逐而出現失序現象，因此建議區域多邊機制需有更強勢的條款約制強權行為。(Leifer 1993)然而弔詭的是東協區域論壇至今仍無強勢條款，卻得以管理林立其中的強權，彼此各取所需的和平共存。

以賽局理論分析強權於多邊機制的合作行為，則有不同解釋。國家間集體行動(interstate collective action)問題可分為三類：一是為製造公共財、二是處理反映各國成本效益的囚徒困境問題、三是同意原則談判細節協調問題。為產出公共財的集體行動有賴霸權領導，而囚徒困境問題則需要契約解決可能引起的紛爭，但協調問題則有賴會議協議(convention)來化解。處理協調問題時，參與者的戰略選項相互影響，而未來合作的意願與前景乃基於過去經驗的累積，因此太過快速的協調過程有其風險。(Snidal 1985, 937-941)

如前面章節已經討論過的，安全秩序的維護是一個協調問題，而非針對特定衝突解決的囚徒困境問題，不需締約以確保執行。安全秩序建構主要在於區域成員同意衝突預防原則，但對如何達到目標則可有不同看法。東協區域論壇雖沒有強勢條款，但成員同意以舒適的步調(comfortable pace)發展建制，不急著從信心建立階段進入預防外交階段，所得到的效果雖可能欠缺效率，但至少不會因各持己見而破局。協調賽局理論似乎解釋了強權在多邊主義參與上的戰略互動的問題。

針對多邊主義是中小型國家所偏好選項，而非強權選擇，多位學者已提出不同看法，認為多邊途徑也受到強權青睞。（陳欣之 2005; 蔡明彥 2006）物質優勢必須在社會架構中才有意義，而多邊制度正提供了霸權此種場域。為維持霸權正當性，即使充滿不確定，霸權仍願意接受多邊制約以換取中小型國家的支持，因此在不對稱權力結構中，國際多邊秩序比單邊主義或雙邊主義來得穩定。(Ikenberry 2001) Ikenberry 所主張的「結構自由主義」(structural liberalism)補充了新現實主義與新自由主義的不足，其一方面同意霸權穩定對國際秩序的貢獻，一方面提出霸權主動反鎖(lock-in)於多邊國際體制的動機是一種戰略性自我權力設限。霸權不僅藉此可取得領導權的正當性，也將強權一起納入國際制約，防範強權超越，自然就不需使用新現實主義所主張的權力平衡策略。

在全球層次上，Ikenberry 認為這個概念的延伸可以防止強權競逐而達到「自由國際秩序」(liberal international order)，其中，國際體系中的權力結構雖是無政府狀態，甚或層級結構(hierarchy)，但權力的來源不會只限於物質(material)或是經濟軍事力量。國際制度使霸權、強權、及弱小國家都同時受惠，而願意自我鎖限於其中。但以美國與西歐國家之間的互動關係為基礎所建構的論述，(Ikenberry and Deudney 1999)則強調國家同質性對建立自由國際秩序的重要，其對亞太地區高度異質性戰略環境的適用性仍有所考驗。

在區域層次上，Ikenberry 提出以安全共同體建立自由秩序(liberal order)。自由秩序的三大條件為民主、互賴、以及國際組織。(Oneal and Russett 2001)只有當國際社會出現民主國家群聚(amalgam)的開放性整合結構時，各國才會完全排除使用暴力或發動戰爭來解決爭端，進而完成安全共同體之建構；安全共同體因而是終結無政府國際政治秩序

(non-anarchical international political order)的最終境界。這樣
的認知實際上是將安全共同體視為美國單極國際秩序形式
之一。(Ikenberry 2004, 615-616)Ikenberry當然也意識到建構
自由秩序的條件過去在亞太地區並不充分,除了在國家特
質不同於西方、區域建制未發展之外,美國在東亞的霸權
相對穩定,政策自主性足以獲得領導正當性,並不需要自
我鎖限於多邊架構。當前亞太情勢反倒使Ikenberry自由多
邊主義論述(liberal multilateralism)對美的政策建議更有參考
價值,尤其在互賴關係深化後多邊主義的功能更形重要、
長期權力經營的大戰略思考下,領導亞太多邊秩序之建構
將有助美國霸權延展,創造一個穩定而合法的國際秩序。
(Ikenberry 2004: 628-629)

　　美國被動回應東協區域論壇之成立,主要因其側重雙
邊同盟關係的輻軸體系,(Acharya1996)然而因東協區域論壇
的運作模式,使美國認知到合作安全機制並不會對其在亞
洲的前置部署或同盟關係造成威脅,反而是增加信心建立
與透明度的第二層武器,(Evans 2001, 111-112)此後在東協區
域論壇之參與轉為積極。而中國大陸則從原先的排拒多邊
主義,到1996年願意在北京主辦信心建立期間小組會議,
同時時任外交部長的錢其琛並在一場會議中公開表示合作
安全帶來新的安全觀;其態度調整,主要因認知到多極權
力結構與多邊主義之優點。認為多邊主義可用來平衡美國
單邊主義,(Fukushima 2003, 90)也可觀察美國與同盟之互
動。另外,中國大陸樂於加入合作安全機制也是基於強權
正當性,確保周邊國家接受其和平崛起的意圖。換言之,
區域安全合作並沒有改變傳統現實主義的戰略思維,中美

強權皆因自身戰略利益而擬定參與策略。(Evans 2001, 111-112)

　　Pedersen 也認為多邊制度並非中小型國家之戰略專利，強權或區域主要國家亦會視國家利益所需倡議區域制度化，尤其是軍事力量相對弱、或衰退中的強權視區域主義為長期戰略，稱之為合作霸權(Cooperative hegemony)。(Pedersen 2002)He 提出「制度性平衡概念」，指出如新現實主義所言，制度性約制並不能確保國家一定會採取合作態度，各國事實上各有制度偏好，在制度選擇上出現競爭、對抗、討價還價、協商、妥協以及相互平衡的行為。制度可以用作「軟性平衡」(soft balancing)的工具，霸權可以同屬以概括性原則為基礎的多邊制度，也可以分屬以排他性原則為基礎的多邊主義，兩者都有制度性平衡效果，據此，He 認為多邊制度使東南亞安全情勢較東北亞穩定。(He 2008)

　　自由國際秩序之論述建立在美國是全球超級霸權的認知，視國際單極體系為現狀，而美國超強的地位不受其他強權抗衡的前提所發展而來。(Ikenberry 2004: 609)這個基調在 2008 年底的全球金融海嘯後開始動搖，尤其在亞太地區，區域權力結構已非單極。當前強權參與區域多邊主義的情形，雖尚不足以強權權力消長的結果來推論，但似乎反映出制度性平衡之說。基於理性選擇及成本效益，選擇硬性軍事平衡的風險與成本，往往較選擇軟性制度平衡策略來得高。

　　Heller 以新自由主義建構論(constructive neoliberalism)解釋東協區域論壇之存在與動能。其認為東協區域論壇雖無法完全有效地確保區域安全,但成功地創造螺旋式的多邊合作動力,並持續受到成員國支持,在區域安全上的適用性已然產生。這個發展過程和邏輯能夠用建構主義的社會學習模型加以解釋。該論壇以增進行為者間的互相交流為途徑,以促進行為者對彼此認知和共同理解為目標,為行為者創造良好的互動與合作經驗,使其願意進入下一階段的合作。在此自我強化(self-enforcing)的過程中,一方面其良性互動本身即有利於區域安全的維持,另一方面,也使得行為者間的相互信任螺旋上升,以利合作的擴大和深化(Heller 2005, 141-142)。

綜論之,區域多邊主義已非中小型國家的特有戰略選擇,強權亦紛紛將其視為當前不可或缺的戰略工具。然而就組織設計與運作模式而言,即使是軟性制度仍可能符合強權利益。因此,東協區域論壇等亞太安全多邊機制是美日中等強權與東協戰略利益聚合的呈現,任何一方都無法背離現有制度約制而不使其他人利益受損,這個均衡狀態將是亞太區域多邊秩序未來發展的基礎。(Lee 2012)

結語

以新自由制度主義為基調的國際合作理論對亞太安全合作經驗有相當的解釋力。在合作誘因方面,亞太特殊的經濟安全互賴結構使無戰爭狀態的區域安全秩序具有絕對戰略利益,個別成員對透過集體衝突預防所產生的安全利得因而有所期待。就組織設計而言,亞太合作安全概念強調與非志同道合國家進行溝通對話,其合作模式不涉及成本效益談判的協作問題,而是屬政策立場協調問題,低制度化的論壇模式足以滿足所需。軟性形式(soft formality)反而有助政府間高層次的對話諮商,(Johnston 2003, 107-108)凝聚共識預備未來協商談判之需。

亞太區域組織的衝突預防角色受限於東協模式的運作原則,難以扮演直接介入衝突調解等衝突預防第三者角色,但透過區域組織,建構放棄使用武力之規範共識,進而形成區域安全共同體仍可達到衝突預防之功能。亞太經驗中僅東協有建構安全共同體的經驗,但成員間不願放棄不干涉原則與共同體揭示的目標有所衝突,一般並不看好其未來發展。即使東協政治安全共同體順利在 2015 年完成,其所主張的原則及規範能否延伸適用於東協區域論壇或東亞高峰會仍多所變數。

亞太經驗看似鬆散的制度設計,隨強權對多邊主義的重視度加深,在議程設定及資源支援方面,多處可見強權競逐的暗潮,如此一來,亞太多軌、多層的多邊安全途徑將更難以整合為單一安全共同體。若單一亞太安全共同體的理想難以實現,那麼我們對近年來常被提及的亞太區域安全架構又應有怎樣的期待?在架構設計上,如何讓強權之間、強權與其他區域成員之間,基於利益考量安於戰略均衡點,是透過多邊途徑建構安全秩序的一重要課題。

第七章
前瞻亞太衝突預防多邊途徑

　　當亞太區域組織逐漸成為中美強權戰略工具之一，且多邊主義已不再是中小型國家用作牽制強權的優勢選項時，亞太安全秩序多邊途徑之發展，勢必立基於同時滿足強權與中小型國家之戰略考量。對於以衝突預防為目標的區域多邊安全建制，各國是否仍會持續接受東協模式作為運作基調？怎樣的區域安全架構安排才能滿足各國多邊戰略利益並同時達到區域和平穩定之共同目標？就具體衝突預防措施而言，如何協調或整合目前於各多邊機制重疊進行的功能性安全合作，以強化亞太地區集體衝突暨威脅預防結構？而一直陷於僵局的直接衝突預防措施又應如何往前推進？

　　有鑑於過去區域二軌機制之相關議題研究與建言對亞太多邊機制發展方向多所影響，[1]本章整理當前區域二軌會議(主要有東協智庫聯盟與亞太安全合作理事會)對上述議題之研究情形，作為前瞻未來亞太衝突預防多邊途徑發展

---

[1] 有關第二軌道會議及區域二軌機制，請參考(Soesastro et. al. 2006)、(Ball 2000)。

之基礎。第一節討論東協模式是否能持續支撐東協未來在區域安全多邊主義發展中的中心性(centrality)？第二節綜整當前區域二軌會議對以「架構」途徑協調或整合目前各機制重疊功能之討論。第三節分析近期二軌會議針對推進預防外交措施向東協區域論壇期間小組所做出的建議。

第一節　東協模式與東協中心性

　　一般而言，國際制度理性設計中應包括會員(membership)、範疇(scope)、中央執行(centralization of enforcement)、集體決策與控制(control)等要素。(Koremenos 2001)而在區域層次上，影響這些要素的因子則必須在區域特質之下討論方具意義。從亞太安全多邊建制經驗來看，東協模式顯然是使亞太地區獨樹一格、別於西方法理建制傳統的一大特質。從領導力(leadership)的意義分析，東協具組織機構能力(organizational capacity)、重視概念創新的知性領導力(intellectual leader)以及不具威脅的弱者特質，使其不僅有倡議能力，尚能號召包括強權在內的跟隨者(follower)加入東協模式為基調的區域多邊主義，因此可謂扮演了區域建制的領導角色。(Stubbs 2014)

　　當然東協領導角色也不應被誤解為具有解決所有區域挑戰的能力。就衝突預防的多邊途徑而言，東協成功的防止成員國之間的衝突演變為戰爭、使競爭中的強權接受東協模式、使敵對的區域強權在多邊體系下進行對話，更重要的是當前亞太地區官方區域多邊機制幾乎都是經東協才得以啟動。(Acharya 2009c)東協過去對區域安全的附加價值便在於透過東協模式的對話交流，提供緩解緊張情勢，將大事化小、小事化無的場域。(Sukma 2010; Ba 2010, 127) 當然，也有學者將亞太安全合作的沒有效率歸因於東協堅持擔任駕駛，導致功能停滯，令人失望。(Lim 1998, 115; Henderson 1999, 70; Leifer 1996, 59; Carofano 1999, 84)儘管批評不斷，東協仍無意讓出駕駛座。在衝突預防的區域建制過程中，東協仍一直扮演駕駛角色，這個角色是否能持續?或者是否需要做某些更動來確保東協駕駛地位?

多數學者同意東協在亞太多邊主義的發展進程中居駕駛地位，但對東協如何成為駕駛的緣由看法不一。部分學者認為於後冷戰時期，東協為避免被日本與澳洲所提出的歐洲安全暨合作組織(Organization for Security and Cooperation in Europe, OSCE)安全合作模式所凌駕，提出本質為外交共同體(diplomatic community)的亞太區域安全論壇(Acharya 1996)，企圖引領發展，以保持東協在區域安全的獨特身份。(Rolls 1994, 75)東協的戰略傾向是全面網纏(omni-enmeshment)，讓所有強權都在多邊架構下相互競爭，互相抵銷對區域的影響力，如此東協即可維持戰略自主性。(Goh 2008)但這些學者不見得同意東協有能力駕馭強權，而認為東協持續扮演區域建制駕駛角色是強權戰略互動下的副產品；東協因對區域戰略環境不具威脅性，加上強權關係極為不穩，方使東協得有機會被推到駕駛座上。換言之，是強權同意讓東協成為一個意外駕駛(accidental driver)，(Sukma 2010)倡議區域安全問題，使東協成為區域信心建立與預防外交的核心。(Almonte 1997/1998, 81; Jones 2010; Chin 2007; Kraft 2000, Kim 2011)

不論東協的領導或駕駛地位從何而來，就當前各強權皆積極拓展與東協的關係來看，東協在亞太多邊主義之未來發展中仍會持續扮演一定角色。除非強權關係出現急遽變化，或強權之一企圖以軟實力資源來取得霸權實質正當性之外，(Acharya 2009b, 174)東協模式應該仍會是亞太協調賽局中的各方理性選擇下的制度戰略均衡。(Jones 2010)即使未來東協未能如憲章所期待，未因建立共同體而強化東協能力或提升其國際地位，區域戰略環境仍會使東協有發揮影響力的政治空間。(Narine 2009)尤其當非東協成員（特別是強權）不願投入資源、持續輕忽區域安全多邊主義，那麼東協扮演駕駛的亞太建制結構反常現象(structural anomaly)將會持續存在。(Tan 2011)

對東協成員而言，「整合」(integration)並非一個最終狀態，而是一個形成或維持集體政體(collective entities)的非強制性進程，(Indorf 1984, 6)而這個非強制性進程的基調是諮商共識。不同於歐洲各國願意讓渡主權所成立的超國家(supranational)區域組織，亞太成員的整合概念係屬「架構」性 (architecture)，以政府間(inter-governmental)跨國(transnational)合作模式為基礎。捍衛主權及國家政府地位仍是亞太地區各國區域政策之原則，因此，東協模式事實上是亞太各國政府面對本身脆弱體質但仍願意謀求區域合作的最佳模式。(Yahuada 2005, 349)非正式諮商所帶來的政策彈性以及進程式取代固定機制發展步調的機動性，使區域內各國能在沒有約束性承諾的顧慮之下，得多重多元的參與各項區域經濟整合進程與安全合作，也使東協在亞太區域架構中具有「支點」(fulcrum)效應，(Clinton 2011/11/10)而此一架構性整合概念的穩定性成為當前亞太區域建制特色。

對非東協成員國而言，東協非正式對話的進程模式反而賦予東協特殊的制度能力(institutional capacity)。一方面對話驅動的安全合作容易被各方接受，尤其強權視此為主導區域制度發展的捷徑；另一方面，使東協延伸的各機制相關又互不隸屬、互不干涉因而得以相容並存，此一相容性(compatibility)(Lee 2013)的基礎便是「不干涉制度化原則」(instituionalized via a noninterference norm)。(Ba 2011)更進一步分析，東協模式所產生的支點效應可減少強權另組零和對抗的集團或建立互斥同盟關係所帶來的區域安全風險。

然而，當強權選擇多邊途徑擴展其區域戰略，承襲東協軟制度的集體衝突預防機制，不免會出現強權在機制內藉主導議程或設定遊戲規則而導致的競爭現象。部分以東協模式為運作基調的功能不彰困境或許應歸咎於強權政治的本質，基本上東協模式掩蓋了會員之間的政治及戰略利益分歧，但並沒有帶來如歐盟成員追求制度整合的外溢效應，(Yahuda 2005, 350)強權在多邊機制中的戰略利益盤算，相對減低了區域組織本身對區域秩序之貢獻及影響。

多位學者呼籲若東協擬持續擔任駕駛，應大幅加強其本身的制度改革及執行能力。(Ba 2011; Sukma 2014; Tan

2011; Amador III 2010)如果東協擬成為東協區域論壇邁向
預防外交及衝突解決的主動力,其本身必須要先做到東協
一體性。東協在制度改革方面雖通過東協憲章,提出建構
東協共同體之願景,但憲章勾勒的仍是以國家主權為中心
的合作原則,與建構共同體的目標相互矛盾,不會帶來強
化東協的預期效果。(Narine 2009; Sukma 2010)

對外而言,不干涉原則與西方國家所主張的結果導向
(outcome-oriented)合作心態時常出現矛盾。(Nair 2009)當東
協仍以國家為中心,受主權不干涉原則所約束,將無法因
應跨國性的非傳統安全議題所帶來的無邊界區域安全挑
戰。如何適度改變以因應新局會是東協能否繼續在亞太多
邊主義中扮演領導角色的關鍵。(Acharya 2009, 186)若東
協僅是為了位居駕駛位置,而堅持東協模式運作方式,不
願面對制度困境或加以改善,對區域安全保障或區域安全
多邊主義的貢獻將難有突破。(Tan 2010)更何況過去阻礙東
協真正達到共識的因子,目前改善的情況仍有限,包括自
由與保守主義個別擁護者對人權與民主之堅持的分歧、新
舊會員之間經濟發展程度差異、以及對不干涉原則與彈性
介入(flexible engagement)對主權保障之分歧。(Acharya 2001,
207)

東協智庫聯盟針對東協模式的改革建議,在《東協峇
里第二協約》以及《東協憲章》中得到官方回應:首先便
是強調「東協中心性」,根據東協憲章第一條第 15 節會員
國承諾維持「東協中心性」與積極角色,在開放、透明、
包容的區域架構下,發展東協對外關係。值得注意的是,

「東協中心性」概念的提出正反映了東協分歧性(ASEAN Divide)的存在，且分歧程度已可能對東協凝聚力(cohesion)造成威脅。諷刺的是，分歧的產生正是源自所謂東協模式，非正式諮商、凝聚共識、決議不具法定約束力等東協慣有的運作原則，使東協成員國雖同在一個區域框架下發展合作關係，卻一直保持以個別國家利益為重的政策自主性。此一軟性區域主義特質使東協無法凝聚集體能量，不僅不利於鞏固本身內部團結，也常遭受效能不彰的批評，亦無助強化其對外交涉能力，容易淪為強權競逐下相爭拉攏的政治籌碼。

　　有鑑於此，前東協秘書長 Surin Pitsuwan 呼籲：東協對外的影響力勢必要建立在內部團結的基礎上，因此東協中心性應有兩層意義：一是呼籲東協會員國間必須更團結，強化政策協調，使東協成為一體性團體(cohesive group)；二是基於凝聚的團體力量，使東協得以在區域或全球發揮影響力。(Pitsuwan 2009; Wade 2010, 20-21)此後，即使在官方文件中未明確界定「東協中心性」，其仍常被用作呼籲東協會員國在政策制訂時應兼顧東協整體利益、發展區域凝聚力(regional cohesion)、促進區域經濟整合、或推進東協國際暨區域影響力的工具。(Petri and Plummer 2014, xii)然而，依然諷刺的是在東協憲章中並沒有設置外交政策協調機制，制度赤字再次使東協中心性的目標受到質疑。(Amador III 2010, 613)

　　學者企圖將東協中心性概念化及操作化以俾預測未來發展，東協是否能展現在區域架構的中心地位，發揮國際暨區域影響力,除了內部改革之外,仍要視是否能持續在各網絡關係的節點(node),即所謂的中介中心(betweeness centrality),若成員持續維持對東協延伸的多邊機制之參與,通過這個結點發展互動關係的次數愈頻繁,則中介中心度愈高,即成為高度中介中心概念(high betweeness)。(Caballero-Anthony 2014)若東協成員分散,分別加入強權另外籌組的區域網絡,不僅無法達到集體共識或集體行動,更會使東協失去連結各自既有區域網絡的軸心地位。如此一來不僅對東協地位造成威脅,也為亞太多邊主義帶來驟變的不穩定。

綜論之,未來亞太安全多邊主義建制仍須內外兩層次同時加強的東協中心性,但也同時需要改革東協模式,減少制度赤字。

第二節　亞太區域安全架構

澳洲前總理陸克文(Kevin Rudd)於 2008 年 6 月 4 日在雪梨亞洲協會(Asia Society)的演說中,有感於亞太地區多層、多軌相容並進的區域合作進程各自有其功能,但卻缺乏對區域未來長程發展的核心目標,因而提出以成員概括性(inclusiveness)、議題綜合性(comprehensiveness)兩大原則建構「亞太共同體」(Asia Pacific Community, APC)。日本前首相鳩山由紀夫,在 2009 年的 11 月 15 日於新加坡 APEC 會議中提出東亞共同體(East Asian Community)倡議,主張建立各領域功能性合作導向的區域網絡，透過合作建立互信及行為規範。雖然兩者都因國內政情無法實踐所提出之構想，但所延伸出的區域架構(regional architecture)概念卻仍持續發酵，歐巴馬重返亞洲政策中亦多次使用區域架構一詞，呼應各方對區域架構的討論。

整體而言，儘管目前亞太安全研究社群對「架構」(architecture)之界定尚未達共識，但都一致認為亞太區域在21世紀中將成為全球的權力重心，因此建構一個區域安全架構，以維持和平和穩定發展是有其必要的。該區域安全架構需要考量區域各層面多元、多樣的安全議題，包括正視目前亞太地區中美戰略競逐下所衍生的傳統安全問題，應重新被區域多邊機制重視；並納入現有的區域準則及規範，包含在聯合國憲章及東南亞友好合作條約中有關不使用武力及威脅、和平解決爭端等原則。

值得注意的是，所謂區域安全架構(regional security architecture)，並不應只是指將現行的諸多多邊機制整合在單一組織框架(framework)之中，而是應從建築家角度觀視，旨在建構一個與當地文化以及歷史經驗得以相融的建築體，其內涵與結構應類似經建築師設計而來，而不是工程師依方程式運算得出的。(Milner 2011, 121)也就是說，結合亞太經驗特質與上述整體大致的期待是各界具體思考區域安全架構內涵應聚焦討論的重點。這個視角似乎已經排除以區域國際組織為基礎建構一個全面性「亞太安全共同體」的思維。

在東亞高峰會與東協擴大國防部長會議分別從「領袖

策略論壇」與「國防外交論壇」[2]充實為功能性安全合作機制之後，東協區域論壇不再是亞太地區唯一常設性區域安全多邊合作機制。區域安全多邊途徑多元化之後，雖各自穩定發展，但並沒有合而為一的趨勢，此一缺乏整合協調的分割零碎功能性合作方式，容易造成機制間疊床架屋、資源浪費、有時甚至會產生立場相互矛盾的現象，難以達到區域安全架構之建構目標。

有鑑於此，亞太安全合作理事會在 2013 年 5 月成立區域安全架構研究小組，[3]試圖梳理當前在亞太地區同時進行的區域安全合作進程之各自特色與共通點，作為建議未來發展區域安全架構方向之參考。經過三次會議，[4]2014 年 6 月，第 41 屆執委會通過該研究小組所提出的亞太安全合作理事會第 26 號備忘錄「邁向有效亞太區域安全架構」(Towards Effective Regional Security Architecture for the Asia Pacific)，並由執委會主席向東協區域論壇、東亞高峰會提出建議。另外，中國大陸由中國國際問題研究所與 CSCAP China 於 2014 年 9 月在北京合辦「區域安全架構工作坊」

---

[2] 有關亞太地區國防外交近期發展，可參考(Taylor 2011; Laksmana 2012; Capie 2013; Emmers 2012)

[3] 由印尼、馬來西亞、日本、菲律賓、印度等五國擔任共同主席，是歷年來 CSCAP 研究小組共同主席人數最多的研究小組，可見各會員對這個議題的重視。

[4] 作者出席了第一、二次會議，分別於 2013 年 9 月 3-5 日在吉隆坡、2014 年 2 月 11-12 日在雅加達召開，本節相關討論包括作者實地觀察記錄、以及訪談與會代表之綜合觀點。

(Regional Security Architecture Workshop)，針對同樣主題進行討論。前者有一對區域安全合作機制的經常性政策建議管道，後者則是一個單一會議，然而因中國大陸在區域安全架構建構中的敏感地位，其討論情形與結果有一定的影響力。本文茲以這幾次會議討論之共通考量以及結論共識為基礎，前瞻未來區域安全多邊架構。

目前以東協為中心的區域安全多邊架構，提供域內小國可以與強權互動的平台，同時也成功的以東協所堅持的規範與運作方式將區域強權納入區域多邊主義，並促進區域成員遵循一套可預期、透明的互動模式，形成獨具特色的亞太多邊安全秩序。然而，過度重視東協的結果使得澳洲、加拿大等中型國家對區域機制所有權不夠廣泛提出異議，認為東協不應獨享區域制度設計之權力，而忽略非東協國家對法理約制國際合作模式的偏好。類似"為何是東協?"的問題在討論區域安全多邊架構建構要素時常是辯論僵局所在。

學研界即使對現行區域建制有諸多批評，但多不認為建立一全新機制有助解決當前困境。多數意見認為維持東協中心性的區域安全網絡對穩定安全情勢是有用的，未來發展應建立在此一基礎上，但這個制度優勢能維持多久則視東協是否能做出適當調整。為了確保東協的中心地位，東協至少需要處理四個問題：第一、東協雖有如 Stubb 所指出的區域建制領導權卻沒有以實力為基礎的政治領導力；第二、東協有合作議題設定權議題，但卻因資源不足而缺乏執行能力；第三、東南亞友好合作條約應發展成為區域協定，使其能更有效約制強權行為；第四、建制中缺乏制裁條款使得無法確保各國承諾。

除運作基調外，如何建構一個中美兩強共容的區域集體衝突預防架構是當前一大挑戰。對於區域組織所應扮演的衝突預防角色，美方主張區域安全多邊架構應對潛在衝突或緊張情勢有回應能力，甚至建議中美彼此應協調政策，以提供區域衝突預防所需之公共財。對此，中國大陸持保留看法，認為區域安全架構中不宜直接處理衝突問題，以免觸及敏感議題反而造成負面影響，防礙其他合作項目之進行。這個立場與中國大陸一貫主張吻合，認為爭端解決應只限於爭端國之間處理，不需在以促進合作為目標的區域機制中討論。當潛在衝突本身攸關中美戰略利益之時（如當前朝鮮半島、東海緊張情勢等），中美兩強之間的歧見有就更難化解。

過去亞太安全多邊途徑得以順利運作主要在於組織制度設計上給予強權高度政策彈性空間的「隱性契約」，而不是以法理制約為基礎。在當前中美兩強對區域建制形式與內涵各有堅持的情況下，直接談判具約束力的治理條款，幾乎可以預測很難產生實質效果，因此特殊的隱性契約模式應仍會持續是區域治理要件。國際法或僵化條款等強制性、嚇阻性衝突預防措施仍不適用於兩強並容的亞太安全多邊機制。在具體衝突預防措施方面，目標不在解決衝突，而是因應突發事件的安全管理，使其不至惡化為長期的政治緊張或軍事對峙。

為降低風險及不確定性，未來區域安全多邊架構之發展將仍會以現有運作機制為基礎。2014 年 4 月的東協區域論壇信心建立與預防外交期間小組會議中特別提到東協區域論壇、東協擴大國防部長會議、東亞高峰會三者之間雖有互補功能，但仍必須進一步協調與分工。特別是像災難救助等涵蓋多面向且交錯關連之議題(cross-cutting issues)，應盡量避免資源浪費、或議程重疊，並維持東協中心性。幾位東協智庫聯盟的重量級學者及俄羅斯代表在亞太安全合作理事會的工作小組會議中傾向建議東亞高峰會是最適合發展區域安全架構的基礎。因此建議東亞高峰會進一步制度化，包括設置由幾個主要國家組成指導委員會，策劃區域安全架構之建構。然而，部分與會者持不同看法，對推動東亞高峰會為區域安全架構有所保留，特別是對指導委員會成員組成的建議提出質疑。

在最後提交的亞太安全合作理事會第 26 號備忘錄中，幾項主要建議為：第一、有關強化東協、維持東協中心性部分，其呼籲執行東協共同體藍圖以達到東協一體性(unity)與一致性(coherence)，並提出以規則為基礎的區域安全秩序願景及路線圖。具體措施上建議強化東協秘書處處理區域安全事物之能力，尤其是其中的東協區域論壇部門(ARF Unit)。同時該備忘錄也建議東亞高峰會、東協擴大國防部長會議以及東協擴大海事論壇(Expanded ASEAN Maritime Forum, EAMF)建立相當的組織結構能力。

第二、有關組織功能協調方面，為避免功能重疊，針對前述幾個區域安全合作進程提出具體分工建議：以領袖會議為主體的東亞高峰會宜作為提供區域安全合作戰略指導之領導機制；以外長會議為主的東協區域論壇則可用作政治安全對話的組織結構主體；而東協擴大國防部長會議及擴大海事安全論壇則可用於進行實際功能性安全合作。每個機制都應即時彼此知會會議及合作結果，互通有無，以有效協調推進區域安全合作事物。

第三、在衝突預防概念上，重申放棄使用強制性措施，不使用武力解決爭端；持續採開放、概括性、漸進式、對話為主的進程來養成合作習慣及規範；並遵從東協友好合作條約、聯合國憲章、以及國際法原則。在加強制度化上：由東協主導發展願景及制度化路徑圖；延長峰會進行時間，使領袖們得以詳細討論相關事務；調整目前議程設定的程序，重視非東協成員國之意見；並建議除了東協主辦國之外，另設立一位非東協國家為共同主席，共同研擬議程；最後，建議另外設立東亞高峰會秘書處，強化相關行政協調作業。

綜論之，這份備忘錄若被官方接受，則將大幅提昇東亞高峰會在區域安全多邊架構的地位。若東亞高峰會另設秘書處，則意味著其將獨立於東協之外，單獨運作，成為另一區域組織。

除上述會議之外，多項相關研究也在持續進行當中，包括由中國大陸、加拿大、印尼專家共同主持的「東協區域論壇亞太區域安全架構暨概念研究」(ARF Study on the Regional Security Architecture and Concept in the Asia-Pacific)、「東亞高峰會區域安全架構」工作坊(EAS Workshop on Regional Security Architecture)等。在 2014 年第

47 屆東協高峰會中亦針對其他法理為基礎的區域安全架構有所討論，在《Nay Pyi Taw 2015 年實踐東協共同體宣言》(Nay Pyi Taw Declaration on Realization of the ASEAN Community by 2015)中，東協成員同意成立任務小組探究區域架構之可能發展，包括以 TAC 與所揭示的原則以及 2011 年東亞高峰會互惠關係原則宣言(2011 Declaration of the East Asia Summit on the Principles for Mutually Beneficial Relations)中所提出的峇里原則(Bali Principles)為基準，簽訂區域性友好合作條約。

第三節 東協區域論壇預防外交措施

新自由制度主義對論壇式多邊機制之功能並未加以否定，反而認為論壇模式在敏感的戰略環境下適合用作處理協調問題，是進入實質談判必經階段。然而亞太經驗似乎是新自由制度主義安全觀的變奏，現有區域機制之運作使區域成員共處模式已建立在隱性契約中，但似乎沒有進入下一個談判階段、邁向法理建制之趨勢。尤其當前美中兩強皆已表示南海問題攸關各自的國家（核心）利益之際，期望近期內透過談判找出衝突預防之法理依據並不切實際的。前瞻直接預防措施的發展仍應務實的與現勢接軌，持續探索在現有區域組織架構下如何將衝突預防制度化。

自 2005 年第 13 屆東協區域論壇確立未來發展方向並同意發展具體預防外交措施之後，亞太安全合作理事會便開始研擬預防外交相關措施。2007 年 10 月 30-31 日亞太安全合作理事會預防外交暨東協區域論壇未來發展研究小組與東協區域論壇信心建立與預防外交期間小組在汶萊舉行聯席會議，會後由研究小組共同主席 USCSCAP 與 CSCAP Singapore 於期間小組會議中直接呈報討論重點。2009 年東協區域論壇專家名人小組正式著手草擬預防外交工作計畫，2011 年資深官員會議通過《東協區域論壇預防外交工作計畫》(ASEAN Regional Forum Preventive Diplomacy Work Plan)，被視為東協區域論壇進入預防外交階段的重要里程碑。

該工作計畫仍沿用 2001 年《東協區域論壇預防外交概念與原則書》中的定義，亦即：預防外交的定義充滿爭議，但大致的共識為：為預防國與國之間的衝突與爭端影響區域和平、升高為武裝對抗，主權國家在相關各方的許可下所共同採取的外交和政治行為。此原則包括採循序漸進、協商共識、非強制性、自願性、並符合國際社會普遍認可的國際法原則（包括聯合國憲章、東南亞合作友好條約）；在發展預防外交措施的同時，維持現有信心建立措施。工作計畫的實施情形由期間支援小組及資深官員會議審視評估，以確認符合東協區域論壇的需求和優先考量；工作計畫的修訂則經參與國同意並於部長會議通過後實施。

工作計畫將預防外交具體合作項目擴及跨國性安全威脅之預防，包括加強在人道援助和救災、反恐及跨國犯罪、海洋安全、防止核武擴散和裁軍、維持和平行動等方面的合作（第一項）。並且，有鑑於成員國之能力建構(capacity building)是有效威脅預防之關鍵，在第五項將指認並與相互認可的組織結盟（如聯合國）進行預防外交能力建構合作方案、經驗分享和訓練等事項列入工作計畫。

在直接預防方面，繼續實行和加強信心建立機制（第二項）；鼓勵成員積極參與東協區域論壇年度安全展望報告，並透過該報告回顧與分析預防外交工作（第三項）；發展信心建立機制的標準模式和呈報準則（第四項）；加強東協秘書處的東協區域論壇部門，使其可以提供必要人手、專家和資源來支援相關活動，並協助東協區域論壇主席（第六項）；利用東協區域論壇專家名人小組、亞太安全合作理事會及東協智庫聯盟來監測及指認潛在衝突點（第七項）；長期而言，考慮建立區域降低風險中心(Regional Risk Reduction Center)來監測區域情勢（第八項）；指認並發展可選擇或自願運用的預防外交機制，使成員國得依所需選擇利用（第九項）；[5]以及在所有相關各方的同意下，拓展調解、促進對話與和解(第十項)。

2011 年通過工作計畫之後到 2014 年 9 月間，有關預防外交的幾個一軌或二軌會議及活動，包括：亞太安全合作理事會預防外交研究小組會議（2013 年 12 月於仰光召開）、東協區域論壇信心建立與預防外交期間小組會議（2013 年 12 月在仰光召開）、第八屆東協區域論壇專家名

---

[5] 可能選擇包含能力建構機制如技術支援、與河內行動綱領一致的官方角色（主席、東協秘書長、主席之友）、考慮延伸專家名人小組的功能、觀察團和考察團、東南亞合作友好條約中所指認的機制。

人小組會議(2014 年 2 月於吉隆坡召開)、預防外交訓練資源
圓桌會議(Roundtable on Training Resources for Preventive
Diplomacy)（2014 年 3 月 20-21 日於紐西蘭威靈頓召開）、
以及東協區域論壇信心建立與預防外交期間小組會議
（2014 年 4 月 9 日於布魯塞爾召開）。這些會議討論或直
接、或間接呈報東協區域論壇外長會議，在 2014 年 8 月 10
日年度外長會議中雖有所提點，但邁向預防外交階段的進
度仍然緩慢。各方對預防外交之立場雖已漸趨聚合，但仍
持續觀察與研議。

　　首先，當事國需有化解衝突的強大政治意願，並自願
找尋非當事國第三方協助的情況下，區域組織提供的預防
外交措施方才能發揮功效。亞太地區已有一些預防外交的
成功例子，包含最近柬埔寨和泰國的國際仲裁，以及可作
為國內預防外交範例的緬甸的和平中心(Myanmar Peace
Center)。可惜的是這些執行單位並不是東協區域論壇，或
其他多邊機制為基礎的預防外交措施，而是為特定衝突所
設置的衝突預防機制，未必適用於其他個案，對區域秩序
建構之影響較為間接。如何提高成員國將未解決的問題提
交到東協區域論壇之意願是其得以順利邁向預防外交階段
之關鍵，其中好的衝突預防措施應是有幫助的。

　　除了目前已經有的東協區域論壇主席、主席之友(the
Friends of the Chair)、專家名人小組之外，東協區域論壇可
以研究區域內外各種成功或失敗的預防外交案例並從中學
習，系統性歸類這些活動並指認最佳範例(best practice)，作
為判斷預防外交工具的基礎；並可借鏡其他國際組織或機

制所發展的預防外交措施，以增加成員國使用直接衝突預防措施之信心。東協三頭馬車機制(ASEAN Troika)可以列為參考模仿的措施之一。

其次，從和平研究長期追蹤觀察途徑切入，早期預警系統可在造成緊張情勢之原因尚未明朗、回應政策尚未完善之前，及時察覺潛在衝突等區域安全問題並提供關鍵資訊。諸多會議結論建議以東協災害管理人道援助協調中心(ASEAN Coordinating Centre for Humanitarian Assistance on Disaster Management, AHA Centre)作為範例設立東協或東協區域論壇區域風險降低中心(Regional Risk Reduction Center)。另外，東協和平和解中心(ASEAN Institute for Peace and Reconciliation, AIPR)可用作監測區域安全趨勢、識別潛在軍事衝突熱點、並建議可行的預防外交措施等。長期來看，設立早期預警機制不僅有助國際社會監測國與國之間的潛在衝突，同時也可適用於監測一國境內衝突團體之間的關係發展，並且促進有衝突傾向社會的衝突預防能力建構。(Carment and Schnabel, 2003: 1-2)

從過去經驗與理論思維為基礎推估未來發展，在共識決的遊戲規則下，中國大陸提出的異議使其成為最常行使單邊否決權的成員國，因此，中方的底線可能就是最後的結果。北韓與中國大陸代表在亞太安全合作理事會預防外交研究小組會議中仍然堅持其原有立場。北韓仍批評美國在朝核問題上的背信，堅持信心建立仍未達成，不願進一步參與任何預防外交措施。中方則重述一貫的官方立場，同時進一步表示沒有必要在東協區域論壇此一泛亞太地區安全機制下發展歐盟式的預防外交措施，但可接受針對地方性衝突發展次區域性、針對性的預防外交措施。

結語

　　本章整理區域二軌會議對於亞太集體衝突預防架構未來發展之研討情形。首先有關東協模式與東協中心性：東協在未來區域多邊主義發展中仍是各方可以接受的支點，也就是包括強權在內的區域成員對東協中心性沒有太大異議。然而支持東協中心性的同時，多數研究不諱言東協模式必須有所調整。其中共識決給予單一國家對全盤計畫有否決權之困局，是影響衝突預防進程推動的一大阻礙。

　　其次，在強權視多邊機制為戰略工具時，整合現有區域安全多邊機制成為一個超大(mega)區域國際織似乎很難避免美中各有堅持所導致的僵局。若採取「架構」途徑，以現有機制為基礎，協調之間的功能與分工，則有助亞太地區發展全面性衝突暨威脅預防機制，同時對各國現有戰略利益可能帶來的衝擊較少，被各方接受的可能性也較高。

　　最後是在預防外交概念上有所突破。過去衝突預防措施研究分成直接措施與結構性措施兩大類，當前亞太安全多邊途徑針對衝突預防概念與措施之討論則趨向衝突預防與威脅預防兩大分類。在威脅預防上，改變威脅結構的功能性安全合作措施往往也直接影響操作性威脅預防功能，因此，以直接、結構性分類威脅預防措施意義並不大；在衝突預防方面，不論是營造正向和平的結構性預防措施，或是防止衝突爆發的負向和平直接預防措施，凡是對於涉及主權的具體合作方案，充分的政治意願仍是促使區域合作的必要條件。

在非傳統安全功能性合作議題上，政治意願同樣重要。跨國性安全威脅若未能即時處理，不僅情勢可能愈加惡化，將有可能發展為國與國之間責任推諉，進而引起區域政治緊張或安全失序狀況。對此，多邊途徑雖不至於重覆後冷戰時期亞太多邊外交萌芽階段的單邊自願原則(如 APEC)，但亦不會強制要求適用於所有國家。在東協模式的彈性原則之下，區域成員「意願結盟」(coalition of wills)可能是改善「主權困境」的方式之一。過去美國曾主導的意願結盟模式（如「反擴散安全倡導」(Proliferation Security Initiative, PSI)、「海事安全倡議」(Maritime Security Initiative, MSI 等)，是否能運用在區域層次？

若是涉及區域成員能力差異(capacity disparity)所帶來的合作困境，則比較可能的發展是借用東協憲章落實經濟議題合作時，針對各國國家能力不一所提出的「東協減 X」彈性合作模式。也就是說，在某些特定的合作議題上，預先同意各國得依其能力及國家條件，選擇執行進度，而由能力優越的國家提供訓練所需之資源，縮小能力差距，此一彈性方能務實克服區域差異性，使具體合作有效進行。

當然，未來亞太安全區域多邊途徑也可能完全脫離以東協為中心的區域架構，或完全背離以東協模式為運作基調的多邊機制。2014 年 5 月於中國大陸召開的亞洲相互協作與信任措施會議峰會中，習近平提出他對亞洲區域安全架構的看法，倡導共同、綜合、合作、可持續的亞洲安全觀，創新安全理念，搭建地區安全和合作新架構，努力走出一條共建、共用、共贏的亞洲安全之路。(習近平2014/05/21)習近平的主張是一個「亞洲安全亞洲人自理」的觀念，推動亞信成為全亞洲的安全對話合作平臺，並在此基礎上探討建立地區安全合作新架構。這個構想能否落實仍待探索，但概念的提出已經造成相當程度的震撼。

第八章
結論

在簡短的結論篇章中，前半部分先總結本書主要論述，後半部舉出限於篇幅、研究視角、及問題聚焦性未能納入本書討論、但足以影響亞太安全區域多邊主義研究的幾個相關問題，希望在未來的研究中能繼續逐一探索。

第一節 不完美的亞太經驗

從國際秩序建構的研究視角觀之，制度(institution)係指在特定情況下，一套界定特定行為組群適當行為的集體作法與規則。(March and Olsen 1998, 948)區域建制(regional institutional building)過程自然是研究區域安全秩序建構的重要面向之一，而區域組織或常設性機制通常是區域建制的重要途徑，本研究因而從亞太地區常設性政府間合作機制切入，探討亞太多邊途徑對區域安全秩序建構之意涵。

從 1994 年首度召開的東協區域論壇開啟亞太安全多邊合作進程以來，衝突預防一直是亞太安全秩序建構目標。發展至今除東協區域論壇之外，東協擴大國防部長會議與東亞高峰會也成為建構亞太多邊安全秩序重要途徑；然而多軌、多層發展的區域合作特質使得這些機制沒有趨向整合，也沒有形成足以約制區域成員的超國家區域組織；區域多邊途徑仍僅是區域成員追求戰略安全利益的諸多選項之一，在研究上因而很難評估或證實區域成員直接受區域多邊主義之影響。本研究採較務實的做法，從組織制度之發展與演變探討區域成員對多邊主義的政策承諾，及其對亞太安全秩序之貢獻。

　　當前亞太機制運作基調仍是東協模式，雖然多數學者認為東協模式必須有所調整，但多亦肯定東協模式是啟動亞太多邊安全秩序建構進程的最適模式，其有助於包容區域成員之間的政治分歧及各國多樣的戰略利益。對區域秩序之意涵而言，非正式諮商的政策彈性、共識決的平等性，加上進程論的開放性，使亞太區域秩序的多邊途徑建立在非強制性、不具約束力的非法治基礎上。在沒有對於不作為或違反決議有所制裁的制度設計中，亞太多邊主義對區域秩序的貢獻，不在於以法理為基礎的規範嚇阻，而在於建構一個獨特的互動模式，以「隱形契約」做為衝突預防與安全治理之基礎。

　　非正式論壇與隱形契約雖有別於歐美側重法理約制的區域建制原則，但從新自由制度主義為基礎的國際合作理論觀視，當合作議題屬於協調性問題時，論壇模式的制度安排較處理協作問題之正式談判來得適合。當區域成員以追求衝突預防安全利益為共同目標時，在安全不可分的定律之下，低制度化的區域論壇帶來的衝突預防絕對利得已足以驅動區域合作。在亞太多極、多強的戰略形勢中，其甚至是啟動並穩定安全合作的必要組織設計。

若安全秩序所指的是維持無戰爭狀態，爆發武裝衝突則被視為安全失序，(Leifer 1987, 1-2)傳統安全思維中以軍事嚇阻或權力平衡的衝突預防概念便有其正當性。然而軍事預防措施顯然有利於強權，在維持安全秩序的同時也不免造成安全困境，對中小型國家而言未必帶來安全保障。東協國家因而偏好使用「和平穩定」來代替「安全秩序」一詞，主張經由自我節制、相互合作及經濟交流等途徑，每一東協成員家皆可在區域內扮演促進和平、減緩衝突角色。(Khong 2005, 39-40) 若與其他地區比較，東協成功形塑的諮商建制內化成員之間的歧異性，集體一致對外，因而被視為一個成功的區域組織。(Wriggins 1992; Solingen 1998)

但東協衝突預防經驗是否可以複製到以東協為中心的亞太安全多邊機制？務實評析亞太集體衝突預防之實踐，東協模式的確有助結構性衝突預防，但阻礙直接衝突預防的實踐。結構性衝突預防措施針對改善衝突本質而設計，亞太緊張情勢主要源自成員間缺乏互信與合作經驗。東協模式中的非正式諮商有助增加互信、改善敵對關係，而以機制為基礎的合作習慣養成有助加深複合式互賴關係，改變區域國際關係結構本質，減少武裝衝突風險。當緊張情勢升高時，直接衝突預防措施的預備有助於防範情勢惡化而爆發武裝衝突。然而東協模式強調以國家為中心的衝突預防概念，重視主權平等、堅持共識決等原則，允許單邊否決權,使得具體預防外交措施之預備與實踐常陷入僵局,難有成效。

面對日益升高的跨國性安全威脅(即所謂非傳統安全威脅),區域多邊安全合作在直接衝突預防實踐難以突破的困境下,轉而發展集體威脅預防合作。若衝突研究中以死傷人數做為定義衝突規模的標準,那麼跨國性、無法指認的非傳統安全威脅帶來的生命財產損失更不可輕忽,成為區域成員必須共同面對的安全問題。當前亞太安全多邊機制對威脅預防所做的功能性安全合作多屬聯合演練,為直接威脅預防措施準備,對改變非傳統安全威脅結構的相關舉措,因多涉及國內改革及能力建構問題,在以東協模式為運作基調的多邊機制中執行確實有所困難,是以目前亞太多邊機制對直接威脅預防的著力(如演習)較結構性威脅預防措施(如國家能力建構)來得多。

前瞻未來亞太安全秩序多邊途徑之發展,強權(尤其是在中美兩強結構下)將區域組織用作戰略工具之一,使亞太區域幾乎不可能達到政治整合。現存的多軌、多層區域合作進程可能可以相互協調功能,卻不會在短期之內整併合而為一。為滿足各方戰略利益,以「現狀」為發展基礎應是最好配方,以「架構」途徑協調現有機制功能與定位的整體安排應是較合理的多邊途徑。若官方採納當前二軌會議所建議的區域安全架構,由東亞高峰會主導戰略方針,東協區域論壇做為進行外交諮商場域,而東協擴大國防部長會議則協助進行功能性安全合作,那麼結構性衝突與威脅預防措施之準備應得以在衝突週期表中的和平時期順利進行。但對於東協區域論壇邁向預防外交階段，建立衝突週期表中不穩定時期所需的直接衝突預防措施則仍有諸多障礙。

第二節 建構論與工具論

本研究以新自由制度主義的理論假設為基礎，探討亞太安全多邊主義的發展，因篇幅及研究範疇所限，暫不處理建構論或其他研究視角對亞太集體衝突預防實踐之評析，但並不表示質疑這些學派對理解亞太安全多邊主義之貢獻。

建構論者認為無政府狀態其實是國家體系使然，(Wendt 1992, 391)國際法則早存在於國際社會中，但需經過國際社會化過程，法則效力才會彰顯出來。(Kratochwil 1989, 251)意念才是權力來源而非物質條件，後者之優勢只有在國際社會環境背景中才顯得重要 ；(Steinberg and Zasloff 2006, 83)而前者構成認知，成為規範途徑分析國際制度與國家行為相連性的重要元素。國際制度影響認知後影響國家行為；制度反映參與者的利益與身分，而參與者的利益與身分源自社會互動，因此有其可塑性。

在新自由制度主義的國際合作論述中，已有多位學者使用建構論的基調，認為國家對利益偏好的界定會因制度參與而改變，被稱之為意外認同(unintended identity)(March and Olsen 1998, 960-964)；而制度本身並非一成不變，對國家的約束常超越創始國的預期，改變國家認知之外，尚有可能形塑國家利益。(Jervis, 1999: 59) 因此建構論並非全新概念，而應被視為制度研究的新分析工具。

就區域安全多邊主義而言，Acharya 直接將多邊主義視為一種組織現象，認為多邊主義最基本的定義是有「規範基礎」（norm-based）、以「規則治理」(rule-governed)的行為模式，其目的在消除彼此歧見、促進資訊交流、並保證以和平且具有建設性的方式來解決問題。(Acharya 1997a, 8) 以東協區域論壇為例，其雖非衝突解決機制，但卻是衝突預防機制。對於如何達到衝突預防的研究文獻中諸多以建構論作為分析工具。但單從建構論來解釋又顯得過於樂觀，有誇大效果之風險，因為最終帶來衝突預防效應的可能是逐漸消失的利益衝突(Garofano 1999, 78)，而非認同的增強。

非正式論壇的本質雖有助於政治菁英在社會化過程中形塑或改變政策意念，但在實證研究上除非是獨裁政權，否則很難驗證菁英意念足以影響一國外交行為。即使東協區域論壇可被視為一個規範釀製場(norm brewery)，且透過對話建構認同，但仍無從證明如 Adler 與 Barnett[1]所論述的從規範階段到國家集體認同的因果關係。(Garofano 2002, 506) 有學者甚至認為社會建構論可能誇大了規範變遷的正面進程，忽略了規範逆轉(reversal)的可能性。(Peou 2012,

---

[1] (Adler and Barnett 1998, 16-17)

282-283)

　　雖然建構主義強調社會化的重要，並認為東協模式對規範建構上有其功能，但從亞太經驗得知：不情願參與國（如中國大陸）在東協區域論壇信心建立與預防外交階段持續反對的立場並無動搖，使得原本積極參與的成員國（如日本、澳洲等）逐漸另謀他路，轉為發展排他性的小型複邊合作結盟。此例看出東協模式的社會化進程並無法保證能改變成員國認知，也沒有使其調整利益優先順序，反而窒礙組織發展。(Yuzawa 2012)

　　除了建構論之外，工具論對解釋各國戰略對區域發展之影響有其說服力，但對前瞻未來的分析則需加入國內政局變動因素。最明顯的兩個例子是澳洲前總理陸克文所提出的亞太共同體，目的在超越澳洲以雙邊關係為重的對外政策，企圖以區域多邊途徑擴展澳洲本身在亞太地區之戰略利益；及日本前首相鳩山由紀夫所提出的東亞共同體構想，主要目的也是在宣布當時日本新政府重視多邊途徑的亞洲外交政策。兩者皆是中型國家企圖利用多邊主義拓展本身的區域戰略利益，但最後兩人卻都因國內內政問題下台，[2] 接班人都未再提及區域共同體之構想。

---

[2] 陸克文所屬工黨黨內同志對他處理金融危機以及對採礦業徵收高稅等一系列政策不滿失去支持，2010 年 6 月下台，由古拉德 Julia Gillard 接任；鳩山也在 2010 年 6 月承認無法兌現遷移沖繩美軍普天間機場的承諾後辭職，由社民黨、民主黨等組成的聯合執政聯盟改由同為民主黨出身的副首相菅直人出任首相。

　　有關國內因素如何影響對外政策之研究並非新領域，但值得警惕的是當時諸多針對以上兩者進行前瞻性評估的研究中，幾乎沒有著墨於國內政局改變導致兩人所提出的共同體構想夭折的可能性。在研究方法上的反思則回到前瞻未來發展時，針對可能引起變化的關鍵因素應如何取捨的問題。對於民主國家（尤其是內閣制民主國家），分析領導人個人思維對區域情勢發展之影響似乎不應抱持太多期待；而中小型國家外交政策層次分析中的國家層次因素似乎較國際體系來得關鍵。更重要的是對區域多邊主義研究而言，新現實主義強調國際制度被用做為各國戰略工具之論述，似乎僅能用於分析已經存在的區域建制，而對於仍在推動的的區域建制構想，工具論與建構論同樣都具有演進開放性的不確定。

第三節　集體衝突預防研究

　　歐洲各國於 1990 年 11 月簽署巴黎憲章，成立「歐洲安全暨合作組織」(Organization for Security and Cooperation in Europe, OSCE)，一方面象徵冷戰在歐洲正式結束，另一方面使該組織成為歐洲集體衝突預防機制，提供各國針對衝突預警(early warning)、衝突預防(conflict prevention)、危機處理(crisis management)、以及衝突後重建(post-conflict rehabilitation)等合作之主要機制。從亞太經驗看來，發展類似歐洲安全暨合作組織之「全週期」集體衝突預防多邊途徑仍遙遙無期。

相對的，亞太地區目前所能處的衝突預防問題仍屬衝突週期圖的左下半部（圖 3.1、圖 3.2），對於衝突中的建和(peace-making)任務、或者衝突後的維和(peace-keeping)、或重建任務，因涉及主權及不干涉原則問題，將其納入亞太常設性區域組織的可能性微乎其微。至於衝突解決，東協區域論壇的第三階段願景似乎帶給區域成員一些期待，但仍然不在以解決衝突為目標。依據東協區域論壇概念書中所標示的目標是「處理衝突」(approaches to conflict)，並非「解決衝突」(conflict resolution)，可見一直以來，區域成員對區域多邊途徑的期待都不在於解決衝突。

在衝突預防概念的大框架下，為了減少因非爭端當事國的外來「干預」而帶來的抵制效應，視緊張情勢的緣由與本質而定，衝突避免(conflict avoidance)與衝突管理(conflict management)常被用來回應較具針對性的衝突預防任務：前者是信心建立的重要概念，目的在避免不可預測的偶發事件(incident)因為未能即時處理或溝通而引起政治緊張，甚至成為潛在衝突；後者則是在處理已經發生的武裝衝突，為了使情況不繼續惡化所執行的相關概念與措施。

當區域安全威脅不再只是來自軍事衝突，而是包括跨國性非傳統安全問題時，為維持整體安全情勢與各國安全關係之穩定發展，「安全治理」概念受到重視。「治理」指得以讓相關行為者(包括公、私部門)在沒有中央政治權威的迫使下，調和其互賴所需及利益的特定正式或非正式結構與程序。(Krahmann 2003)「安全治理」的意涵則隨不同安全情境與概念而異；其可概括指涉多元及個別獨立權威(authority)之間針對安全議題所做出的協調、管理及規定，涵蓋公、私部門的介入以及政治與非正式的安排，以及有目的的導向特定政策結果之規則體系。而區域安全治理則強調地域性所特有的在地安全問題，分析的焦點不限於國家，也不見得與聯合國全球安全治理掛勾。(M. Webber et al. 2004; Kirchner 2007)區域安全治理概念有助於多邊機制思考威脅預防措施的設計方向，亦是未來可以研究的課題。

　　最後，衝突預防理論是否存在？我們是否可以真正找到衝突預防的自變數及因變數？是否可以建構一個放之四海皆準的分析架構？如何評估衝突預防實踐的成效？概論之，影響衝突發展的因素或許可以正面表列，衝突預防成效的指標(因變數)，卻只能以是否維持無武裝衝突的現象而定，也就是說如果將成功的避免武裝衝突發生稱為有效衝突預防，那麼一旦再次爆發武裝衝突是否就否定原有的成效？回答這個問題的兩難在於自變數是否一成不變？影響衝突發展的自變數是否能在研究初期就能一併羅列？若無法做到，那麼衝突環境的改善或惡化並不必然是結構性衝突預防實踐的結果，其因子也可能來自完全無關於執行中的衝突預防措施。諸如此等問題使得衝突預防研究理論化尚待諸多努力。

結語

　　依西方傳統國際制度研究定義，國際組織與國際法、國際建制同是國際關係領域中國際制度研究的主體，而國際組織常被限定用來指設有秘書處的實體機構，且會員們受正式協議所約束。(Glodstein and Steinbery 2010, xvii- xviii) 對於區域組織之界定，Nye 早期著作中提出三個必備條件：受制於政府間的正式協定 (formal agreement)、具外交論壇模式(diplomatic forums)、以及受一個相關國際官僚體系所支助 (assisted by an associated international bureaucracy)(Nye 1971, 5)。這些定義在亞太經驗中幾乎不存在，因此研究亞太區域多邊途徑若僅限於歐美經驗所發展出的分析概念，則不僅在現象界定上面臨不少挑戰，同時，對於根據歐美經驗所演繹出的論述也不必然適用於亞太地區。本研究除前述研究目的之外，亦試圖挑戰以傳統國際制度定義為前提而質疑新自由制度主義在亞太地區適用性的相關研究，希望對突顯亞太區域特質的相關研究能有所貢獻。

參考書目

Acharya, Amitav. 1996. "ASEAN and Conditional Engagement." In *Weaving the Net Conditional Engagement with China*, edited by James Shinn, 24--43. New York: Council on Foreign Relations Press.

Acharya, Amitav. 1997a. "Multilateralism: Is There an Asia-Pacific Way?" *National Bureau of Asian Research* 8(2):5-18.

Acharya, Amitav. 1997b. "Idea, Identity, and Institution-building: From the ASEAN Way to the Asia-Pacific Way?" *The Pacific Review* 10(3):316-346.

Acharya, Amitav. 1998. "Collective Identity and Conflict Management in Southeast Asia." In *Security Communities*, edited by Emanuel Adler and Michael Barnett, 198-227. Cambridge, UK: Cambridge University Press.

Acharya, Amitav. 2003. "Regional Institutions and Asian Security Order: Norms, Power, and Prospects for Peaceful Change." In *Asian Security Order: Instrumental and Normative Features*, edited by Muthiah Alagappa, 210-40. CA: Stanford University Press.

Acharya, Amitav. 2007. "Regional Institutions and Security in the Asia-Pacific: Evolution, Adaptation, and Prospects for Transformation." In *Reassessing Security Cooperation in the Asia-Pacific: Competition, Congruence and Transformation*, edited by Amitav Acharya and Evelyn Goh, 19-40. Cambridge, Mass.: MIT Press.

Acharya, Amitav. 2009a. *Constructing a Security Community in Southeast Asia*. New York: Routledge.

Acharya, Amitav. 2009b. "The Strong in the World of the Weak: Southeast Asia in Asia's Regional Architecture." In *Asia's New Multilateralism: Cooperation, Competition, and the Search for Community*, edited by Michael J. Green and Bates Gill, 172-192. New York: Columbia University Press.

Acharya, Amitav. 2009c. *Competing Communities: What the Australian and Japanese Ideas Mean for Asia's Regional Architecture*. Commentary, PacNet no. 70. (2009/10/27)

Acharya, Amitav., and Richard Stubbs, eds. 2009. *Theorizing Southeast Asian Relations: Emerging Debates*. New York and Oxon, UK: Routledge.

Ackermann, Alice. 2003. "The Idea and Practice of Conflict Prevention." *Journal of Peace Research* 40(3):339-47.

Adler, Emanuel., and Michael Barnett. 1998. "Security Communities in Theoretical Perspective." In *Security Communities*, edited by Emanuel Adler and Michael Barnett, 3-28. Boston: Cambridge University Press.

Alagappa, Muthiah. 1988. "Comprehensive Security: Interpretations in ASEAN Countries." In *Asian Security Issue: Regional and Global*, edited by Robert A. Scalapino, Seizaburo Sato, Jusuf Wanandi, and Sung-joo Han. Berkeley, 50-78. CA: University of California Institute of East Asian Studies.

Alagappa, Muthiah. 1993. "Regionalism and the Quest for Security: ASEAN and the Cambodian Conflict." *Journal of International Affair* 46(2):439-67.

Alagappa, Muthiah. 1995. "Regionalism and Conflict Management: a Framework for Analysis." *Review of International Studies* 21:359-87.

Alagappa, Muthiah. 1998. "Asian Practice of Security: Key Features and Explanations." In *Asian Security Practice: Material and Ideational Influences*, edited by Muthiah Alagappa, 611-76. Stanford, CA: Stanford University Press.

Alagappa, Muthiah. 2003a. "Introduction: Predictability and Stability despite Challenges." In *Asian Security Order: Instrumental and Normative Features*, edited by Muthiah Alagappa, 1-30. Stanford, CA: Stanford University Press.

Alagappa, Muthiah. 2003b. "The Study of International Order: An Analytical Framework." In *Asian Security Order: Instrumental and Normative Features*, edited by Muthiah Alagappa, 34-69. Stanford, CA: Stanford University Press.

Almonte, Jose T. 1997/1998. "Ensuring Security the 'ASEAN Way'." *Survival* 39(4): 80-92.

Amador III, Julio Santiago. 2010. "ASEAN in the Asia Pacific: Central or Peripheral?" *Asian Politics & Policy* 2(4):601-16.

Annan, Kofi A. 1998/02/05. "The Centrality of the United Nations to Prevention and the Centrality of Prevention to the United Nations," speech delivered in the Forum of the Final Report of the Carnegie Commission of Preventing Deadly Conflict. Press Release SG/SM/6454

Annan, Kofi A. 2000. We the Peoples: The Role of the United Nations in the 21st Century. (*Millennium Report of the Secretary-General*). New York: The United Nations.

Annan, Kofi A. 2002. *Prevention of Armed Conflict*. New York: United Nations.

Antolik, Michael. 1990. *ASEAN and the Diplomacy of Accommodation*. New York: ME Sharpe.

ASEAN. 1967/08/08. "Bangkok Declaration." Accessed October 15 2014. http://www.asean.org/news/item/the-asean-declaration-bangk

ok-declaration.

ASEAN. 1971/11/26. "Zone of Peace, Freedom and Neutrality Declaration." Accessed October 15 2014. http://www.asean.org/communities/asean-political-security-co mmunity/item/joint-press-statement-special-asean-foreign-mi nisters-meeting-to-issue-the-declaration-of-zone-of-peace-free dom-and-neutrality-kuala-lumpur-25-26-november-1971.

ASEAN. 1976/02/24. "Treaty of Amity and Cooperation in Southeast Asia." Accessed October 15 2014. http://www.asean.org/news/item/treaty-of-amity-and-cooperat ion-in-southeast-asia-indonesia-24-february-1976-3.

ASEAN. 1987/12/15. "Protocol Amending the Treaty of Amity and Cooperation in Southeast Asia." Accessed October 15 2014. http://www.asean.org/news/item/protocol-amending-the-treat y-of-amity-and-cooperation-in-southeast-asia-philippines-15- december-1987.

ASEAN. 2003/10/08. "Declaration of ASEAN Concord II (Bali Concord II)." Accessed October 15 2014. http://www.asean.org/news/item/declaration-of-asean-concord -ii-bali-concord-ii.

ASEAN. 2002/11/04. "Declaration on the Conduct of Parties in the South China Sea" Accessed October 15 2014. http://www.asean.org/asean/external-relations/china/item/decl aration-on-the-conduct-of-parties-in-the-south-china-sea.

ASEAN. 2004/11/29. "The Vientiane Action Programme (VAP)." Accessed October 15 2014. http://www.asean.org/archive/aadcp/rps/VAP29Nov2004.pdf.

ASEAN. 2004/11/19. "ASEAN Protocol on Enhanced Dispute Settlement Mechanism." Accessed October 15 2014. http://www.asean.org/news/item/asean-protocol-on-enhanced-dispute-settlement-mechanism.

ASEAN. 2007/11/20. "Charter of Association of Southeast Asian Nations." Accessed October 15 2014.
http://www.asean.org/asean/asean-charter/asean-charter.

ASEAN. 2010/04/08. "Protocol on Dispute Settlement Mechanisms." Accessed October 15 2014.
http://www.asean.org/news/item/protocol-on-dispute-settlement-mechanism.

ASEAN. 2012/07/20. "ASEAN's Six Point Principles on the South China Sea," Statement of the ASEAN Foreign Ministers, Phnom Penh, Cambodia.. Accessed November 1, 2014.
http://www.aseansec.org/documents/AFMs%20Statement%20on%206%20Principles%20on%20SCS.pdf

ASEAN Defense Miniters Meeting. 2006/05/09. "Concept Paper for the Establishment of an ASEAN Defence Ministers' Meeting," Accessed Novemeber 1, 2014.
http://www.asean.org/communities/asean-political-security-community/category/asean-defence-ministers-meeting-admm

ASEAN Defence Miniters' Metting. 2014/05/20. "Additional Protocol to the Concept Papers for the Establishment of an ASEAN Defence Ministers' Meeting (ADMM) and the ASEAN Defence Ministers' Meeting Plus (ADMM-Plus)." Accessed November 1, 2014
https://admm.asean.org/dmdocuments/Additional Protocol to the Concept Papers for the Establishment of an ADMM and the ADMM-Plus.pdf

ASEAN Plus Three. 2002/11/04. "Final Report of the East Asia Study Group." ASEAN Plus Three Summit. Phnom Penh. Accessed October 22, 2014.
http://www.mofa.go.jp/region/asia-paci/asean/pmv0211/report.pdf

ASEAN Regional Forum. 1995a. "Chairman's Statement: The Second Meeting of the ASEAN Regional Forum." Accessed November 1, 2014.
http://aseanregionalforum.asean.org/library/arf-chairmans-stat ements-and-reports.html?id=133

ASEAN Regional Forum. 1995b. "The ASEAN Regional Forum: A Concept Paper." Accessed October 15 2014.
www.asean.org/archive/arf/2ARF/2nd-ARF/Concept-Paper.d oc

ASEAN Regional Forum. 2014. *ASEAN Regional Forum at Twenty: Promoting Peace and Security in the Asia-Pacific.* Beijing: World Affair Press.

Ashizawa, Kuniko. 2004. "Japan, the United States, and Multilateral Institution-Building in the Asia-Pacific." In *Beyond Bilateralism: US-Japan Relations in the New Asia-Pacific*, edited by Ellis S. Kraussand John T. Pempel, 248-271. Berkeley CA: Standford University Press.

Ayoob, Mohammed. 1986. "Regional Security and the Third World." In *Regional Security in the Third World: Case Studies from Southeast Asia and the Middle East*, edited by Mohammed Ayoob, 1-12. London: Croom Helm.

Ayoob, Mohammed. 1999. "From Regional System to Regional Society: Exploring Key Variables in the Construction of Regional Order." *Australian Journal of International Affairs* 53(3):247-60.

Axelrod, Robert. 1981. "The Emergence of Cooperation among Egoists." *American Political Science Review* 75(2): 306-18.

Axelrod, Robert., and Robert Keohane. 1985. "Achieving Cooperation under Anarchy: Strategies and Institutions." *World Politics* 38 (1):226-54.

Ba, Alice D. 2010. "Regional Security in East Asia: ASEAN' s

Value Added and Limitations." *Journal of Current Southeast Asian Affairs* 29(3): 115-30.

Ba, Alice D. 2011. "ASEAN Centrality Imperiled?: ASEAN Institutionalism and the Challenges of Major Power Institutionalization." In *ASEAN and the Institutionalization of East Asia*, edited by Ralf Emmers, 122-37. New York: Routledge.

Ball, Desmond. 1996. "Introduction," In *Transformation of Security in Asia/Pacific Region*, edited by Demond Ball, 1-14. New York: Frank Cass.

Ball, Desmond. 2000. "The Council for Security Cooperation in the Asia Pacific (CSCAP): Its Record and Its Prospects." No. 139. Strategic and Defence Studies Centre, Research School of Pacific and Asian Studies, Australian National University.

Baldwin, David A. 1993. "Neoliberalism, Neorealism, and World Politics." In *Neorealism and Neoliberalism*, edited by Helen Milner and John G. Ruggie, 3-25. New York: Columbia University Press.

Baviera, Aileen S. P. 2012. "ASEAN Multilateralism and the Engagement of Great Powers." In *Emerging China Prospects for Partnership in Asia*, edited by Sudhir T. Devare, Swaran Singh and Reena Marwah. 21-30. UK: Routledge.

Beeson, Mark. 2003. "ASEAN Plus Three and the Rise of Reactionary Regionalism," *Contemporary Southeast Asia* 25(2):251-268.

Bellamy, Alex J. 2004. *Security Communities and Their Neghbours: Regional Fortresses or Global Integrators?*, New York: Palgrave Macmillan.

Botcheva, Liliana., and Lisa L. Martin. 2001. "Institutional Effects on State Behavior: Convergence and Divergence." *International Studies Quarterly* 45:1-26.

Boutros-Ghali, Boutros. 1992. *An Agenda for Peace: Preventive Diplomacy, Peacemaking and Peacekeeping.*. New York: United Nations.

Bull, Hedley. 2002. *The Anarchical Society: A Study of Order in World Politics,* 3rd edition. New York: Palgrave Macmillan.

Burton, John Wear. 1962. *Peace Theory: Preconditions of Disarmament.* New York: Knopf

Buzan, Barry. 1983. *People, States and Fear: the National Security Problem in International Relations.* Brighton, UK: Wheatsheaf Books.

Buzan, Barry. 2003. "Regional Security Complex Theory in the Post-Cold War World." In *Theories of New Regionalism: A Palgrave Reader,* edited by Fredrik Soderbaum and Timothy M. Shaw, 140-59. New York: Palgrave MacMillan.

Buzan, Barry., and Ole Waver. 2003. *Regions and Powers: the Structure of International Security.* Cambridge, UK: Cambridge University Press.

Buzan, Barry., and Gerald Segal. 1994. "Rethinking East Asian Security," *Survival* 36(2):3-21.

Caballero-Anthony, Mely. 1998. "Mechanisms of Dispute Settlement: the ASEAN experience." *Contemporary Southeast Asia* 20(1):38-66.

Caballero-Anthony, Mely. 2002. "Partnership for Peace in Asia: ASEAN, the ARF, and the United Nations." *Contemporary Southeast Asia* 24(3):528-48.

Caballero-Anthony, Mely. 2005. *Regional Security in Southeast Asia: Beyond the ASEAN Way.* Singapore: Institute of Southeast Asian Studies.

Caballero-Anthony, Mely. 2008. "The ASEAN Charter: an Opportunity Missed or One That Cannot Be Missed?." In *Southeast Asian Affairs 2008,* edited by D. Singh and Tin

Maung Than, 71-85. Singapore: ISEAS Publications.

Caballero-Anthony, Mely. 2014. "Understanding ASEAN's Centrality: Bases and Prospects in an Evolving Regional Architecture." *The Pacific Review* 27(4):563-84.

Cahill, Kevin. ed. 1996. *Preventive Diplomacy: Stopping Wars before They Start.* New York: Basic Books.

Camilleri, Joseph A. 2003. *Regionalism in the New Asia-Pacific Order: The Political Economy of the Asia-Pacific Region, Volume II.* Northampton, MA: Edward Elgar.

Campbell, Kurt M. 2011/10/04. "Why Taiwan Matters, Part II." U.S. Department of State. Accessed October 16 2014. http://www.state.gov/p/eap/rls/rm/2011/10/174980.htm.

Campbell, Kurt M., and Daniel Russel. 2011/10/4. "U.S. Foreign Policy in the Asia-Pacific." U.S. Department of State. Accessed October 16 2014. http://fpc.state.gov/172931.htm.

Capie, David. 2013. "Structures, Shocks and Norm Change: Explaining the Late Rise of Asia's Defense Diplomacy," *Contemporary Southeast Asia* 35 (1): 1-26.

Carnegie Commission on Preventing Deadly Conflict. 1997. *Preventing Deadly Conflict: Final Report.* Washington DC: Carnegie Commission on Preventing Deadly Conflict.

Carment, David., and Albrecht Schnabel. 2003a. "Introduction: Conflict Prevention: a Concept in Search of a Policy" in *Conflict Prevention: Path to Peace or Grand Illusion?*, edited by David Carment and Albrecht Schnabel, 1-8. Tokyo: The United Nation University Press.

Carment, David., and Albrecht Schnabel. 2003b. "Taking Stock." In *Conflict Prevention: Path to Peace or Grand Illusion?*, edited by David Carment and Albrecht Schnabel, 11-25. Tokyo: The United Nation University Press.

Carment, David., and Albrecht Schnabel. 2004. "Into the

Mainstream: Applied Conflict Prevention." In *Conflict Prevention from Rhetoric to Reality Volume 2: Opportunities and Innovations*, edited by Albrecht Schnabel and David Carment, 3-17. Lanham: Lexington Books.

Carpenter, William M., and David G. Wiencek. 1996. "Maritime Piracy in Asia." In *Asian Security Handbook: An Assessment of Political-Security Issues*, edited by William M. Carpenter and David G. Wiencek, 3-18. New York: ME Sharpe,

Capie, David. 2013. "The Bilateral-Multilateral Nexus in Asia's Defense Diplomacy." In *Bilateralism, Multilateralism and Asia-Pacific Security: Contending Cooperation*, edited by Brendan Taylor and William Tow, 115-31. New York: Routledge.

Case, William. 2009. "Democracy and Security in East Asia." In *Security Politics in the Asia-Pacific: A Regional-Global Nexus?*, edited by William T. Tow, 122-43. New York: Cambridge University Press.

Chin, Kin Wah. 2007. "Introduction: ASEAN – Facing the Fifth Decade," *Contemporary Southeast Asia* 29 (3): 395-405.

Choi, Ajin., William Tow. 2013. "Bridging Alliances and Asia-Pacific Multilateralism." In *Bilateralism, Multilateralism and Asia-Pacific Security: Contending Cooperation*, edited by Brendan Taylor and William Tow, 21-38. New York: Routledge.

Christensen, Thomas J. 1999. "China, the US-Japan Alliance, and the Security Dilemma in East Asia." *International Security* 23(4):49-80.

Christopher, Warren, "APEC: Charting a Course for Prosperity," November 15, 1993.

Clinton, Bill. 1993/07/07. "Building a New Pacific Community." *U.S. Department of State Dispatch* 4(28): 485-88.

Clinton, Bill. 1993/07/10. "Fundamental of Security for New Pacific Community." *U.S. Department of State Dispatch* 4(29): 509-12.

Clinton, Bill. 1993/11/19. "The APEC Role in Creating Jobs, Opportunities, and Security," address to the Seattle APEC Host Committee, November 19, 1993

Clinton. Hillary. 2009/07/21. "Remarks with Thai Deputy Prime Minister Korbsak Sabhavasu." Secretary of State. Accessed October 16, 2014. http://www.state.gov/secretary/20092013clinton/rm/2009a/jul y/126271.htm.

Clinton, Hillary. 2010/01/12. "Remark on Regional Architecture in Asia: Principle and Priorities." Secretary of State. Accessed October 16, 2014. http://m.state.gov/md135090.htm.

Clinton, Hillary. 2010/07/23. "Remarks at Press Availability." Secretary of State. Accessed October 16 2014. http://www.state.gov/secretary/20092013clinton/rm/2010/07/1 45095.htm.

Clinton, Hillary. 2010/10/28. "America' s Engagement in the Asia-Pacific." Secretary of State. Accessed October 16 2014. http://m.state.gov/md150141.htm.

Clinton, Hillary. 2010/10/30. "Intervention at the East Asian Summit." Secretary of State. Accessed October 16 2014. http://m.state.gov/md150196.htm.

Clinton, Hillary. 2011/11/10. "America's Pacific Century." *Foreign Policy.* Accessed October 16 2014. http://www.foreignpolicy.com/articles/2011/10/11/americas_p acific_century.

Clinton, Hillary. 2011/07/24. "Sovereignty of South China Sea." Secretary of State. Accessed October 16 2014.

http://m.state.gov/md169010.htm.

Collins, Alan. 2003. *Security and Southeast Asia: Domestic, Regional, and Global Issues.* Boulder, CO.: Lynne Rienner Publishers.

Collins, Alan. 2007. "Forming a Security Community: Lessons from ASEAN." *International Relations of the Asia-Pacific* 7:203-25.

Cousens, Elizabeth M. 2004. "Conflict Prevention." In *The UN Security Council: From the Cold War to the 21st Century,* edited by David Malone, 101-16. Boulder, CO: Lynne Rienner.

Dahl, Arnfinn Jorgensen. 1982. *Regional Organization and Order in South-East Asia.* New York: St. Martin's Press.

Della-Giacoma, Jim. 2011. "Preventive Diplomacy in Southeast Asia: Redefining the ASEAN Way. " In *Preventive Diplomacy: Regions in Focus,* edited by Francesco Mancini, 28-34. New York: International Peace Institute.

Deutsch, Karl W. 1957. *Political Community and the North Atlantic Area; International Organization in the Light of Historical Experience.* Princeton, NJ: Princeton University Press.

Deudney, Daniel., and John G. Ikenberry. 1999. "The Nature and Sources of Liberal International Order. " *Review of International Studies* 25:179-196.

Dewitt, David. 1994. "Common, Comprehensive, and Cooperative Security." *The Pacific Review* 7(1):1-15.

Dibb, Paul. 1997. "The Emerging Strategic Architecture in the Asia-Pacific Region." In *The New Security Agenda in the Asia-Pacific Region,* edited by Denny Roy, 99-120. New York: St. Martin's Press.

Dibb, Paul., David D. Hale, and Peter Prince. 1999. "Asia's

Insecurity." *Survival* 41(3):5-20.

Drysdale, Peter. and Takashi Terada. eds. 2007. *Asia-Pacific Economic Cooperation: Critical Perspectives on the World Economy.* Volume 1-5. London: Routeledge.

Dunn, David J. 1991. "Peace Research versus Strategic Studies." In *New Thinking about Strategy and International Security,* edited by Ken Booth, 56-68. London: Harper Collins Academic.

Emmers, Ralf. 2001. "The Influence of the Balance of Power Factor within the ASEAN Regional Forum." *Contemporary Southeast Asia* 23(2):275-91.

Emmers, Ralf. 2003. *Cooperative Security and the Balance of Power in ASEAN and the ARF.* London: Routledge Curzon.

Emmers, Ralf. 2012. "The Five Power Defense Arrangements and Defense Diplomacy in Southeast Asia," *Asian Security* 8 (3): 271-286.

Emmers, Ralf., and See Seng Tan. 2011. "The ASEAN Regional Forum and Preventive Diplomacy: Built to Fail?" *Asian Security* 7(1):44-60.

Emmerson, Donald K. 2005. "Security, Community, and Democracy in Southeast Asia: Analyzing ASEAN." *Japanese Journal of Political Science* 6(2):165-185.

Evans, Paul M. 2001. "Cooperative Security and Its Discontents in Asia Pacific: The ASEAN Connection." *American Asian Review* 19(2):99-119.

Fawcett, Louise L' Estrange., and Andrew Hurrell, eds. 1995. *Regionalism in World Politics: Regional Organization and International Order.* UK: Oxford University Press.

Fawn, Rick. 2009. "Regions and Their Study: Where from, What for and Whereto?" *Review of International Studies* 35(1):5-34.

Ferguson, James R. 2004. "ASEAN Concord II: Policy Prospects for Participant Regional Development." *Contemporary Southeast Asia* 26(3):393-415.

Frankel, Jeffrey A. and Miles Kahler. 1993. "Introduction." In *Regionalism and Rivalry: Japan and the United States in Pacific Asia*, edited by Jeffrey A. Frankel and Miles Kahler, 1-18. Chicagao: The University of Chicago Press.

Frost, Ellen L. 2008. *Asia's New Regionalism.* London: Lynne Rienner.

Friedberg, Aaron L. 1993-1994. "Ripe for Rivalry: Prospects for Peace in a Multipolar Asia." *International Security* 18(3):5-33.

Fukushima, Akiko. 2003. "The ASEAN Regional Forum." In *The Regional Organizations of the Asia Pacific: Exploiing Institutional Change*, edited by Michael Wesley, 76-93. New York: Palgrave Macmillan.

Galtung, Johan. 1969. "Violence, Peace, and Peace Research." *Journal of Peace Research* 6(3):167-91

Galtung, Johan. 1996. *Peace by Peaceful Means: Peace and Conflict Development and Civilization.* London: Sage.

Ganesan, N. 2007. "The Future Prospects of Multilateralism in Southeast and East Asia." In *Continent, Coast, Ocean: Dynamics of Regionalism in Eastern Asia*, edited by Beng, Ooi Kee, and Ding Choo Ming, 139-55. Singapore: Institute of Southeast Asian Studies.

Garofano, John. 1999. "Flexibility or Irrelevance: Ways Forward for the ARF." *Contemporary Southeast Asia* 21(1):74-94.

Garofano, John. 2002. "Power, Institutions, and the ASEAN Regional Forum: a Security Community for Asia?." *Asian Survey* 42(3):502-21.

Gates, Robert. 2010/10/12. "Remarks by Secretary Gates at

ASEAN Defense Ministers Meeting Plus." U.S. Department of Defense. Accessed October 15 2014. http://www.defense.gov/transcripts/transcript.aspx?transcripti d=4700.

Gilson, Julie. 2007. "Strategic Regionalism in East Asia." *Review of International Studies* 33(1):145-63.

Glaser, Bonnie S. 2013/09/05. "American Reassurance of Rebalance Encourages Cooperation & Progress at ADMM+." *CogitAsia: CSIS.* Accessed October 16 2014. http://cogitasia.com/american-reassurance-of-rebalance-encour ages-cooperation-progress-at-admm/.

Glosserman, Brad. 2010. "The United States and the ASEAN Regional Forum: A Delicate Balancing Act." In *Cooperative Security in Asia-Pacific: The ASEAN Regional Forum,* edited by Jurgen Haacke and Noel M. Morada, 36-53. London: Routledge Curzon.

Goh, Evelyn. 2008. "Great Powers and Hierarchical Order in Southeast Asia: Analyzing Regional Security Strategies," *International Security* 32(3): 113-57.

Goh, Evelyn. 2011. "Institution and the Great Power Bargain in East Asia: ASEAN's Limited "Brokerage" Role." In *ASEAN and the Institutionalization of East Asia,* edited by Ralf Emmers, 105-21. New York: Routledge.

Goldstein, Judith L., and Richard H. Steinberg. 2010. "Introduction." In *International Institutions Volume 1: "Causes"*, edited by Judith L. Goldstein and Richard H. Steinberg,. London: SAGE.

Green, Michael J., and Bates Gill, eds. 2009. *Asia's New Multilateralism: Cooperation, Competition, and the Search for Community.* New York: Columbia University Press.

Grieco, Joseph M. 1993. "Understanding the Problem of

International Cooperation: The Limits of Neoliberal Institutionalism and the Future of Realist Theory." In *Neorealism and Neoliberalism*, edited by David A. Baldwin, 301-38. New York: Columbia University Press.

Haccke, Jurgen. 2003. "ASEAN' s Diplomatic and Security Culture: A Constructivist Assessment." *International Relations of Asia-Pacific* 3:57-87.

Haacke, Jurgen. 2009. "The ASEAN Regional Forum: from Dialogue to Practical Security Cooperation?" *Cambridge Review of International Affairs* 22(3):427-49.

Haacke, Jurgen and Noel M. Morada. 2010a. "The ASEAN Regional Forum and Cooperative Security: Introduction." In *Cooperative Security in Asia-Pacific: The ASEAN Regional Forum*, edited by Jurgen Haacke and Noel M. Morada, 1-12. London: Routledge Curzon.

Haas, Ernst B. 1975. *The Obsolescence of Regional Integration Theory*. Research Series No. 25, Berkeley, CA: Institute of International Studies, UC Berkeley.

Haas, Ernst B., Robert L. Butterworth, and Joseph S. Nye. 1972. *Conflict Management by International Organizations*. Morristown, NJ: General Learning Press.

Haftendorn, Helga, Robert Keohane, and Celeste Wallender. eds. 1999. *Imperfect Unions: Security Institutions over Time and Space*. Cambridge, UK: Oxford University Press.

Hammerskjold, Dag. 1965. "Introduction to the Annual Report of Secretary General on the Work of the Organization, 16 June 1959-June 15, 1960, General Assembly, Official Records, 15th Session, Supplement 1A." In *From Collective Security to Preventive Diplomacy: Readings in International Organization and the Maintenance of Peace*, edited by Joel Larus, 399-409. New York: John Wiley and Sons.

Hampson, Fen Osler., and David M. Malone, eds. 2002. *From Reaction to Conflict Prevention: Opportunities for the UN System.* Boulder: Lynne Rienner Publishers.

Hatoyama, Yukio. 2009. "Japan' s New Commitment to Asia - Toward the Realization of an East Asian Community." Accessed October 14. http://japan.kantei.go.jp/hatoyama/statement/200911/15singapore_e.html.

Harris, Stuart. 2000. "Asian Multilateral Institutions and Their Response to the Asian Economic Crisis: the Regional and Global Implications." *The Pacific Review* 13(3):495-516.

Hasenclever, Andreas, Peter Mayer, and Volker Rittenberger. 1997. *Theories of International Regimes.* New York: Cambridge University Press.

He, Kai. 2008. "Institutional Balancing and International Relations Theory: Economic Interdependence and Balance of Power Strategies in Southeast Asia." *European Journal of International Relations* 14(3):489-518.

Heller, Dominik. 2005. "The Relevance of the ASEAN Regional Forum (ARF) for Regional Security in the Asia-Pacific." *Contemporary Southeast Asia* 27(1): 123-45.

Henderson, Jeannie. 1999. *Reassessing ASEAN,* Adelphi Paper 328. London: Routledge.

Hernandez, Carolina G. 2003. "Conflict Prevention and Peace-building in Southeast Asia," *proceedings of the International Conference of Regional Mechanisms, Best Practices and ASEAN-UN Cooperation in the 21st Century.* organized by the United Nations Development Programme...[et al.]. Manila: Institute for Strategic and Development Studies, Inc.,

Hernandez, Carolina G. 2007. "Institution Building through an

ASEAN Charter," *Panorama*, 2007 (1): 9-52.

Hook, Glenn D. 2002. "Japan's Role in the East Asian Political Economy: From Crisis to Bloc?" *Asian Business and Management* 1(1): 19-37.

Hund, Markus. 2003. "ASEAN Plus Three: Towards a New Age of Pan-East Asian Regionalism? A Skeptical Appraisal," *The Pacific Review* 16(3): 383-417.

Hughes, Christopher R. 2010. "China's Membership of the ARF and the Emergence of an East Asian Diplomatic and Security Culture." In *Cooperative Security in Asia-Pacific: The ASEAN Regional Forum*, edited by Jurgen Haacke and Noel M. Morada, 54-71. London: Routledge Curzon.

Ikenberry, G. John. 1999. "Liberal Hegemony and the Future of American Postwar Order." In *International Order and the Future of World Politics*, edited by T. V. Paul and John A. Hall, 123-45. Cambridge, UK: Cambridge University Press.

Ikenberry, G. John., 2001. *After Victory: Institutions, Strategic Restraint, and the Rebuilding of Order after Major Wars*. Princeton, New Jersey: Princeton University Press.

Ikenberry, G. John., 2004. "Liberalism and Empire: Logic of Order in the American Unipolar Age." *Review of International Studies* 30:609-30.

Jentleson, Bruce W. 2003. "The Realism of Preventive Statecraft" in *Conflict Prevention: Path to Peace or Grand Illusion?*, edited by David Carment and Albrecht Schnabel, 26-45. Tokyo: The United Nation University Press.

Jervis, Robert. 1982. "Security Regimes." *International Organization* 36(2):357-78.

Jervis, Robert. 1999. "Realism, Neorealism, and Cooperation: Understanding the Debate." *International Security* 24(1):42-63.

Job, Brian L. 2009. "Grappling with an Elusive Concept." In *Security Politics in the Asia-Pacific: A Regional-Global Nexus?*, edited by William T. Tow, 31-48. New York: Cambridge University Press.

Johnston, Alastair I. 2003. "Socialization in International Institutions." In *International Relations Theory and the Asia-Pacific*, edited by John G. Ikenberryand Michael Mastanduno, 107-52. New York: Columbia University Press.

Jones, David Martin., and Michael L. R. Smith. 2002. "ASEAN's Imitation Community," *Orbis* 46(1): 93-109.

Jones, Lee. 2010. "Still in the "Drivers' Seat", But for How Long? ASEAN' s Capacity for Leadership in East-Asian International Relations." *Journal of Current Southeast Asian Affairs* 29(3):95-113.

Jorgensen-Dahl, Arnfinn. 1982. *Regional Organization and Order in South-East Asia*. New York: St. Martin's.

Kanninen, Tapio. 2001. "Recent Initiatives by the Secretary-General and the UN System in Strengthening Conflict Prevention Activities", *International Journal on Minority and Group Rights* 2001:39-43

Katsumata, Hiro. 2006. "Establishment of the ASEAN Regional Forum: constructing a 'talking shop' or a 'norm brewery' ?." *The Pacific Review* 19(2):181-98.

Katzenstein, Peter J. 1996. "Regionalism in Comparative Perspective." *Cooperation and Conflict* 31(2):123-59.

Katzenstein, Peter J. 2005. *A World of Regions: Asia and Europe in the American Imperialism*. Ithaca, NY: Cornell University Press

Keohane, Robert O. 1984. *After Hegemony: Cooperation and Discord in the World Political Economy*. Princeton, NJ: Princeton University Press.

Keohane, Robert O. 1988. "International Institutions: Two Approaches." *International Studies Quarterly* 32(4):379-96.

Keohane, Robert O. 1989. *International Institutions and State Power*. Boulder, CO: Westview.

Keohane, Robert O. 1990. "Multilateralism: An Agenda for Research." *International Journal* 45:731-64.

Keohane, Robert O. 1993. "Institutional Theory and the Realist Challenge after the Cold War." In *Neorealism and Neoliberalism*, edited by David Baldwin, 269-300. New York: Columbia University Press.

Keohane, Robert O., and Joseph S. Nye. 1977. *Power and Interdependence: World Politics in Transition*. Boston, MA: Little, Brown Company.

Keohane, Robert O., and Lisa L. Martin. 1995. "The Promise of Institutionalist Theory." *International Security* 20(1):39-51.

Kerry, John. 2013/07/02. "Intervention at East Asia Summit." Secretary of State. Accessed October 16 2014. http://www.state.gov/secretary/remarks/2013/07/211502.htm.

Khong, Yuen Foong. 2004. "The Elusiveness of Regional Order: Leifer, the English School and Southeast Asia." *The Pacific Review* 18(1):609-30.

Khoo, Nicholas. 2004. "Deconstructing the ASEAN Security Community: a Review Essay." *International Relations of the Asia-Pacific* 4(1):35-46.

Kim, Min- hyung. 2011. "Why Does A Small Power Lead? ASEAN Leadership in Asia - Pacific Regionalism." *Pacific Focus* 27(1):111-34.

Kivimaki, Timo. 2011. "East Asian Relative Peace and the ASEAN Way." *International Relations of the Asia-Pacific* 11:57-85.

Kivimaki, Timo. 2012. "Southeast Asia and Conflict Prevention.

Is ASEAN Running out of Steam?." *The Pacific Review* 25(4):403-427.

Komori, Yasumasa. 2006. "The New Dynamics of East Asian Regional Economy: Japanese and Chinese Strategies in Asia," *Pacific Focus* 21(2):107-149.

Koremenos, Barbara., Charles Lipson and Duncan Snidal. 2001. "The Rational Design of International Institutions." *International Organization* 55(4):761-99.

Kraft, Herman. 2000. "ASEAN and Intra-ASEAN Relations: Weathering the Storm?" *Pacific Review* 13(3): 453-72.

Krahmann, Elke. 2003. "Conceptualizing security governance." *Cooperation and Conflict* 38(1): 5-26.

Krasner, Stephen D. 1982. "Structural Causes and Regime Consequences: Regime as Intervening Variables." *International Organization* 36:185-205.

Krasner, Stephen D. 1983. "Regimes and the Limits of Realism: Regimes as Autonomous Variable." In *International Regimes*, edited by Stephen D. Krasner, 355-68. Ithaca, NY: Cornell University Press.

Krasner, Stephen D. 1991. "Global Communications and National Power: Life on the Pareto Frontier." *World Politics* 43(3):336-66.

Kratochwil, Friedrich. 1989. *Rules, Norms and Decisions: On the Conditions of Practical and Legal Reasoning in International Relations and Domestice Affaires.* Cambridge: Cambridge Univeristy Press.

Krauss, Ellis S. and T. J. Pempel. eds. 2004. *Beyond Bilateralism: U.S.-Japan Reltations in the New Asia-Pacific.* CA: Standord University Press.

Kupchan, Charles A. 1998. "After Pax Americana: Benign Power, Regional Integration, and the Sources of a Stable

Multipolarity." *International Security* 23(2):40-79.

Lake, David A. 2001. "Beyond Anarchy: the Importance of Security Institutions." *International Security* 26 (1): 129-60.

Lake, David A., and Patrick M. Morgan. 1997. "The New Regionalism in Security Affairs." In *Regional Orders: Building Security in a New World*, edited by David Lake and Patrick Morgan, 3-19. University Park, PA: Penn State University Press.

Laksmana, Evan A. 2012. "Regional Order by Other Means? Examining the Rise of Defense Dimploacy in Southeast Asia," *Asian Security* 8(3): 251-70.

Lee, Chyungly. 1999. "On Economic Security." In *An Aisa-Pacific Security Crisis?: New Challenges to Regional Stability*, edited by Guy Wilson-Roberts, 67-84. Wellington, New Zealand: Centre for Strategic Studies.

Lee, Chyungly. 2000. "Asian Turbulence: A Case Study in Economic Security." In *Asia-Europe Cooperation After 1997-1998 Asian Turbulence*, edited by Chyungly Lee, 33-54. Hampshire: Ashgate.

Lee, Chyungly. 2002. "Economic Security Perspective on Northeast Asian Regionalism." In *Northeast Asian Regionalism: Lessons from European Experiences*, edited by Christopher M. Dent and David W. F. Huang, 174-86. New York: Routledge Curzon.

Lee, Chyungly. 2010. "Conflict Prevention in Northeast Asia: Suggesting an Analytical Framework and Learning from Southeast Asia." In *Conflict Prevention and Management in Northeast Asia : The Korean Peninsula and Taiwan Strait in Comparison*, edited by Niklas Swanström, Sofia Ledberg and Alec Forss, 20-39. UK: Cambridge Scholars Publishing.

Lee, Chyungly. 2012. "The ASEAN-Way and Multilateralism in

the Asia-Pacific Region," *Asia-Pacific Forum* 55:1-23.

Lee, Chyungly. 2013. "The Compatibility of East Asia and Asia Pacific Multilateralism: Japan's Strategic Rationales." In *The United States between China and Japan*, edited by Rose, C and Teo, V, 423-57. UK: Cambridge Scholars Publishing.

Leifer, Michael. 1980. "Conflict and Regional Order in South-east Asia." *Adelphi Papers* 162:1-39.

Leifer, Michael. 1987. "ASEAN's Search for Regional Order." *G. Brash for Faculty of Arts and Social Sciences* No. 12. National University of Singapore.

Leifer, Michael. 1989. *ASEAN and the Security of South-East Asia.* New York: Routledge.

Leifer, Michael. 1993. "Indochina and ASEAN: Seeking a New Balance." *Contemporary Southeast Asia.* 15(3):269-79.

Leifer, Michael. 1996. *The ASEAN Regional Forum: Extending ASEAN' S Model of Regional Security.* Adelphi Paper 302. London: Routeledge.

Leifer, Michael. 1999. "The ASEAN Peace Process: a Category Mistake." *The Pacific Review* 12(1):25-38.

Lijphart, Arend. 1981. "Karl W. Deutsch and the New Paradigm in International Relations." In *From National Development to Global Community*, edited by Richard L. Merritt and Bruce M. Russett. 233-51. London: Allen & Unwin.

Lim, Robyn. 1998. "The ASEAN Regional Forum: Building on Sand." *Contemporary Southeast Asia* 20(2):115-36.

Luck, Edward. 2002. "Prevention: Theory and Practice." In *From Reaction to Conflict Prevention: Opportunities for the UN System*, edited by Fen O. Hampson and David M. Malone, 251-71. Boulder: Lynne Rienner Publishers.

Lund, Michael S. 1996. *Preventing Violent Conflicts: A Strategy For Preventive Diplomacy.* Washington DC: United States

Institute of Peace.

Lund, Michael S. 2002. "From lessons to action." In *From Reaction to Prevention: Opportunities for the UN System*, edited by Fen O. Hampson and David M. Malone, 159-84. Boulder, CO: Lynne Rienner

Manning, Robert A., and James J. Przystup. 1999. "Asia's Transition Diplomacy: Hedging against Futureshock." *Survival* 41(3):43-67.

March, J.G., and J.P. Olsen. 1998. "The Institutional Dynamics of International Political Orders" *International Organization* 52(4):943-69.

Martin, Lisa L. 1992. "Interests, Power, and Multilateralism." *International Organization* 46(2):765-92.

Martin, Lisa L. 1999. "An Institutionalist View: International Institutions and State Strategies." In *International Order and the Future of World Politics*, edited by T. V. Paul and John A. Hall, 78-98. Cambridge, UK: Cambridge University Press.

Martin, Lisa L., and Beth A. Simmons. 1998. "Theories and Empirical Studies of International Institutions." *International Organization* 52(3):729-57.

Mearsheimer, John J. 1994/1995. "The False Promise of International Institutions." *International Security* 19(3):5-49.

Milner, Anthony. 2011. "Analyzing Asian Regionalism: What is an 'Architectural Perspective'?" *Australian Journal of International Affairs* 65(1) : 109-126.

Ministry of Foreign Affairs, the People's Republic of China. 2013/08/02. "Foreign Minister Wang Yi Attends China-ASEAN High-Level Forum." Accessed October 15 2014.

http://www.fmprc.gov.cn/mfa_eng/wjb_663304/wjbz_66330
8/activities_663312/t1065124.shtml.

Ministry of Foreign Affairs, the People' s Republic of China. 2013/09/15. "The Sixth Senior Officials Meeting and the Ninth Joint Working Group Meeting on the Implementation of the "Declaration on Conduct of Parties in the South China Sea" Are Held in Suzhou." Accessed October 15 2014. http://www.fmprc.gov.cn/mfa_eng/zxxx_662805/t1079289.sh tml.

Moolakkattu, John S. 2005. "The Concept and Practice of Conflict Prevention: A Critical Reappraisal," *International Studies* 42(1):1-19.

Morada, Noel M. 2010. "The ASEAN Regional Forum: Origins and Evolution." In *Cooperative Security in Asia-Pacific: The ASEAN Regional Forum*, edited by Jurgen Haacke and Noel M. Morada, 13-35. London: Routledge Curzon.

Munuera, Gabriel. 1994. "Preventing armed conflict in Europe: lessons from recent experience, " *Chaillot Paper 15/16*. Paris: Institute for Security Studies, Western European Union.

Nair, Deepak. 2009. "Regionalism in the Asia Pacific/East Asia: A Frustrated Regionalism?." *Contemporary Southeast Asia* 31(1): 110-42.

Narine, Shaun. 1998. "ASEAN and the Management of Regional Security." *Pacific Affairs* 71(2):195-214.

Narine, Shaun. 2002. *Explaining ASEAN: Regionalism in Southeast Asia*. Boulder, Colorado: Lynne Rienner Publishers.

Narine, Shaun. 2009. "ASEAN in the Twenty-First Century: a Sceptical Review," *Cambridge Review of International Affairs* 22(3): 369-386.

Nguyen, Thi Hai Yen. 2002. "Beyond Good Offices? The Role of Regional Organizations in Conflict Resolution." *Journal of International Affairs* 55(2): 463-88.

Nye, Joseph S. 1968. *International Regionalism: Readings, Part Two.* Boston, MA: Little, Brown and Company.

Nye, Joseph S. 1971. *Peace in Parts: Integration and Conflict in Regional Organization.* Boston, MA: Little, Brown Company.

Oneal, John R., and Bruce Russett. 2001. *Triangulating Peace: Democracy, Interdependence and International Organizations.* New York: W. W. Norton & Company.

Oye, Kenneth, ed. 1986. *Cooperation under Anarchy.* Princeton: Princeton University Press.

Panetta, Leon. 2012/06/02. "Shangri-La Security Dialogue." U.S. Department of Defense. Accessed October 16 2014. http://www.defense.gov/speeches/speech.aspx?speechid=1681.

Pedersen, Thomas. 2002. "Cooperative Hegemony: Power, Ideas and Institutions in Regional Integration." *Review of International Studies* 28:677-96.

Pempel, T. J. 2005. "Introduction." In *Remapping East Asia: The Construction of a Region,* edited by T. J. Pempel, 1-28. Ithaca, NY: Cornell University Press.

Peou, Sorpong. 1999. "Cambodia in 1998: from despair to hope?." *Asian Survey* 39(1):20-26.

Peou, Sorpong. 2002. "Realism and Constructivism in Southeast Asian Security Studies Today: A Review Essay." *The Pacific Review* 15(1):119-138.

Peou, Sorpong. 2012. "Perspectives in Asia-Pacific Security Studies." In *Routledge Handbook of Asian Regionalism,* edited by Mark Beeson and Richard Stubbs, 275-88. London: Routledge.

Petri, Peter A. and Michael G. Plummer. 2014. *ASEAN Centrality and the ASEAN-US Economic Relationship.* Honolulu:

East-West Center.

Perry, William J. 1996. "Defense in an Age of Hope." *Foreign Affairs* 75(6):64-79.

Pitsuwan, Surin. 2009. "Building an ASEAN Economic Community in the Heart of East Asia," keynote speech delivered at the East Aisa Beyond the Global Economic Crisis International symposium, Tokyo, December.

Powell, Robert. 1991. "Absolute and Relative Gains in International Relations Theory." *American Political Science Review* 85(4):1303-20.

Quilop, Raymund Jose G. 2011. "The ADMM Plus: Yet Another Layer in the Region's Dense Security Architecture? A Perspective from the Philippines." 25th Asia-Pacific Roundtable. Kuala Lumpur. 31 May-1 June 2011.

Rolls, Mark. 1994. "Security Cooperation in Southeast Asia: An Evolving Process." In *Post-Cold War Security Issues in the Asia-Pacific Region*, edited by Colin McInnes and Mark G. Rolls, 65-79. Portland, OR: Frank Cass and Co.

Rudd, Kevin. 2008/06/04. "It's Time to Build an Asia Pacific Community." Accessed October 14 2014. http://pmtranscripts.dpmc.gov.au/browse.php?did=15947.

Ruggie, John Gerard. 1992. "Multilateralism: the Anatomy of an Institution." *International Organization* 46(3):561-598.

Rumelili, Bahar. 2007. *Constructing Regional Community and Order in Europe and Southeast Asia*. New York: Palgrave Macmillan.

Schmid, Alex Peter., and Sanam B. Anderlini, eds. 2000. *Thesaurus and Glossary of Early Warning and Conflict Prevention Terms*. London: Forum on Early Warning and Early Response.

Schnabel, Albrecht., and David Carment. 2004, *Conflict*

Prevention from Rhetoric to Reality. Volume 1: Organization and Institution; and Volume 2: Opportunities and Innovations. Lanham, MD: Lexington Books.

Schulz, Michael, and Rodrigo Tavares. 2006. "Measuring the impact of regional organizations on peace building." In *Assessment and Measurement of Regional Integration*, edited by Philippe de Lombaerde, 232-51.

Simon, Sheldon W. 1995. "Realism and Neoliberalism: International Relations Theory and Southeast Asian Security." *The Pacific Review* 8(1):5-24.

Simon, Sheldon W. 2007. "Whither Security Regionalism? ASEAN and the ARF in the Face of New Security Challenges." In *Reassessing Security Cooperation in the Asia-Pacific: Competition, Congruence and Transformation*, edited by Amitav Acharya and Evelyn Goh, 121-25. Cambridge, MA: MIT Press.

Singh, Bilveer. 1992. *ZOPFAN and the New Security Order in the Asia-Pacific Region.* Petaling Jaya: Pelanduk Publications.

Snidal, Duncan. 1985. "Coordination versus Prisoners' Dilemma: Implications for International Cooperation and Regimes." *The American Political Science Review* 79:923-42.

Snidal, Duncan. 1991a. "International Cooperation among Relative Gains Maximizers." *International Studies Quarterly* 35:387-402.

Snidal, Duncan. 1991b. "Relative Gains and the Pattern of International Cooperation." *The American Political Science Review* 85(3):701-26.

Snitwongse, Kusuma. 1998. "Thirty Years of ASEAN: Achievement through Political cooperation," Pacific Review 11(2): 183-94.

Soesastro, Hadi. et al. 2006. *Twenty Two Years of ASEAN ISIS: Orgin, Evolution and Challenges of Track Two Dimplomacy.* Kuala Lumpur, Malaysia: Center for Strategic and International Studies.

Solingen, Ethel. 1998. *Regional Orders at Century's Dawn: Global and Domestic Influences and Grand Strategy.* Princeton, NJ: Princeton University Press.

Sriram, Chandra Lekha., and Karin Wermester. 2002. "Preventive Action at the United Nations: from Promise to Practice?." In *from Reaction to Conflict Prevention: Opportunities for the UN System,* edited by Fen O. Hampson and David M. Malone, 381-98. Boulder CO: Lynne Rienner.

Steinberg, Richard H. Jonathan M. Zasloff. 2006. "Power and International Law," *American Journal of International Law* 100(1): 64-87.

Stedman, Stephen John. 1995. "Alchemy for a New World Order: Overselling 'Preventive Diplomacy'." *Foreign Affairs* 74(3):14-20

Stein, Arthur. 1983. "Coordination and Collaboration: Regimes in an Anarchic World," In *International Regimes,* edited by Stephen D. Krasner, 115-140. Ithaca: Cornell University Press.

Stubbs, Richard. 2014. "ASEAN' s Leadership in East Asian Region-building: Strength in Weakness." *The Pacific Review* 27(4):1-19.

Sukma, Rizal. 2010. "The Accidental Driver: ASEAN in the ASEAN Regional Forum." In *Cooperative Security in Asia-Pacific: The ASEAN Regional Forum,* edited by Jurgen Haacke and Noel M. Morada, 111-23. London: Routledge Curzon.

Sukma, Rizal. 2014. "ASEAN Beyond 2015: The Imperatives for

Further Institutional Changes," ERIA Discussion Paper Series, ERIA-DP-2014-01

Swanstrom, Niklas., Mikael Weissmann and Emma Bjornehed. 2005. "Introduction." In *Conflict Prevention and Conflict Management in Northeast Asia, edited by Niklas Swanstrom,* 7-38. Uppsala, Swedon: The Central Asia-Caucsus Institute.

Tan, See Seng. 2011. "Is Asia-Pacific Regionalism Outgrowing ASEAN?" *The RUSI Journal* 156(1):58-62.

Tan, See Seng. 2012. "Southeast Asia in Search of Security Community: Can ASEAN Go Beyond Crisis, Consequentiality and Conceptual Convenience? " *26th Asia-Pacific Roundtable: Asian Security Governance and Order.* Kuala Lumpur. 28-30 May, 2012.

Tay, Simon S.C. 2008. "East Asia, ASEAN and Regional Order: Power, Cooperation and Principle." In *War, Peace and Hegemony in a Globalized World: The Changing Balance of Power in the Twenty-First Century,* edited by Chandra Chari, 175-88. New York: Routledge.

Taylor, Brendan, 2011. "The Rise of Asian Defense Dimplomacy: Convergence or Divergence in Sino-Australian Security Relations?" *Contemporary International Relations* 21(3): 169-185.

Taylor, Brendan., and William T. Tow. 2009. "Challenges to Building an Effective Asia-Pacific Security Architecture." In *Asia's New Multilateralism: Cooperation, Competition, and the Search for Community,* edited by Michael J. Green and Bates Gill, 329-50. New York: Columbia University Press.

Tow, William T. 2011. "Great Powers and Multilateralism: the Politics of Security Architectures in Southeast Asia." In *ASEAN and the Institutionalization of East Asia,* edited by

Ralf Emmers, 155-67. New York: Routledge.

U.S. Department of Defense. 2012. "Sustaining U.S. Global Leadership: Priorities for U.S. 21st Century Leadership." Accessed October 16 2014. http://www.defense.gov/news/defense_strategic_guidance.pdf

Van de Goor, Luc, and Suzanne Verstegen. 1999. "Conflict Prognosis." In *Bridging the Gap from Early Warning to Early Response. Part One.* Hague: Netherlands Institute of International Relations.

Van Walraven, Klaas., and Jurjen van der Vlugt. 1996. *Conflict Prevention and Early Warning in the Political Practice of International Organizations.* Hague: Netherlands Institute of International Relations.

Väyrynen, Raimo. 2003. "Regionalism: old and new." *International Studies Review.* 5(1):25-51.

Wade, Geoff. 2011. "ASEAN Divides." In *Regional Outlooks: Southeast Asia 2011-2012,* edited by Michael J. Montesano and Lee Poh Onn, 18-21. Singapore: ISEAS.

Wallander, Celeste A., Helga Haftendorn, Robert O. Keohane. 1999a. "Introduction." In *Imperfect Unions: Security Institutions over Time and Space,* edited by Helga Haftendorn, Robert O. Keohane, and Celeste A. Wallander, 1-18. New York: Oxford University Press.

Wallander, Celeste A., Helga Haftendorn, Robert O. Keohane. 1999b. "Conclusions." In *Imperfect Unions: Security Institutions over Time and Space,* edited by Helga Haftendorn, Robert O. Keohane, and Celeste A. Wallander, 325-38. New York: Oxford University Press.

Wallensteen, Peter. 1997. *Executive Summary of The 1997 Executive Seminar on Preventing Conflicts: Past Records and Future Challenges* (Department of Peace and Conflict

Research, Uppsala University, in cooperation with the Swedish Ministry for Foreign Affairs

Wallensteen, Peter. 1998. "Preventive Security: Direct and Sturcutral Prevention of Violent Conflicts." In *Preventing Violent Conflicts: Past Record and Future Challenges*, edited by Peter Wallensteen, 9-38. Uppsala: Central Asia-Caucasus Institute, Uppsala University.

Wallesteen, Peter. 2005. "Northeast Asia: Challenges to Conflict Prevention and Prevention Research." In *Conflict Prevention and Conflict Management in Northeast Asia*, edited by Niklas Swanstrom, 39-49. Uppsala: Central Asia-Caucasus Institute, Uppsala University.

Wallensteen, Peter. 2011. *Understanding Conflict Resolution: War, Peace and the Global System.* London: Sage.

Wallensteen, Peter., and Frida Moller. 2003. *Conflict Prevention: Methodology for Knowing the Unknown.* Uppsala: Department of Peace and Conflict Research, Uppsala University.

Waltz, Kenneth. 1979. *Theory of International Politics.* New York: McGraw-Hill.

Waltz, Kenneth. 1990. "Realist Thought and Neorealist Theory." *Journal of International Affairs* 44:21-37.

Webber, Douglas. 2010. "The Regional Integration that Didn' t Happen: Cooperation without Integration in Early Twenty-First Century East Asia." *The Pacific Review* 23(3):313-33.

Wendt, Alexander. 1992. "Anarchy is What States Make of It: The Social Construction of Power Politics," *International Organization* 46(2): 391-425.

Wesley, Michael. 2009. "Asia-Pacific Institutions." In *Security Politics in the Asia-Pacific: A Regional-Global Nexus?*, edited by William T. Tow, 49-66. New York: Cambridge University Press.

The White House. 2011/11/19. "Fact Sheet: East Asia Summit." Accessed October 16 2014. http://www.whitehouse.gov/the-press-office/2011/11/19/fact-sheet-east-asia-summit.

The White House. 2012/11/20. "Fact Sheet: East Asia Summit Outcomes." Accessed October 16 2014. http://www.whitehouse.gov/the-press-office/2012/11/20/fact-sheet-east-asia-summit-outcomes.

White, Hugh and Brendan Taylor. 2009. "A Rising China and American Perturbations." In *Security Politics in the Asia-Pacific: A Regional-Global Nexus?*, edited by William T. Tow, 85-98. New York: Cambridge University Press.

Wortzel, Larry M. 1996. *The ASEAN Regional Forum: Asian Security without an American Umbrella*. Carlisle, PA: U.S. Army War College.

Wriggins, W. Howard. 1992. "The Dynamics of Regional Politics: An Orientation." In *Dynamics of Regional Politics: Four Systems on the Indian Ocean Rim*, edited by W. Howard Wriggins. New York: Columbia University Press.

Yahuda, Michael. 2005. "The Evolving Asian Order: the Accommodation of Rising Chinese Power." In *Power shift: China and Asia's New Dynamics*, edited by David L. Shambaugh, 347-61. Berkerley, CA: University of California Press.

Yahuda, Michael. 2008. "China's Multilateralism and Regional Order." In *China Turns to Multilateralism: Foreign Policy and Regional Security*, edited by Guoguang Wu and Helen Lansdowne, 75-89. New York: Routledge.

Young, Oran. 1986. "International Regimes: toward a New

Theory of Institutions." *World Politics* 39:104-22.

Yuzawa, Takeshi. 2006. "The Evolution of Preventive Diplomacy in the ASEAN Regional Forum: Problems and Prospects." *Asian Survey* 46(5):785-804.

Yuzawa, Takeshi. 2012. "Informality as a Double Edged Sword: The ASEAN Way and the Mechanisms of Defective Socialization," paper presented in *International Sudies Association (ISA) 53rd Annual Convention*, San Diego, CA. USA.

Zhu, Guichang. 2006. "Comparing the European Model and the ASEAN Way: Is There a Third Way of Regionalism for the East Asian Cooperation?." *Romanian Review of Political Sciences and International Relations*, 3(1): 107-24.

Zyck, Steven A., and Robert Muggah. 2012. "Preventive Diplomacy and Conflict Prevention: Obstacles and Opportunities." *Stability: International Journal of Security and Development* 1(1):68-75.

李文志，2004。〈全球化對亞太安全理念的衝擊與重建：理論的初探〉，《政治科學論叢》（台北），第 22 期，頁 31-66。

李國雄，1995。〈東協安全機制的演變與區域秩序〉，《問題與研究》（台北），第 34 卷第 9 期，頁 21-40。

李瓊莉，1997。〈當前美國亞太政策中的經濟安全〉，《問題與研究》（台北），第 36 卷第 4 期，頁 15-28。

李瓊莉，2010a。〈東協衝突管理機制與角色探討〉，《台灣東南亞學刊》（南投），第 7 卷第 2 期，頁 3-20。

李瓊莉，2010b。〈日本與亞太多邊機制的形成〉，《遠景基金會季刊》（台北），第 11 卷第 2 期，頁 99-138。

李瓊莉，2012a。〈東南亞區域整合之基調、特色與挑戰〉，徐遵慈主編，《東南亞區域整合：台灣觀點》。台北：中華經濟研究院。頁 1-36。

李瓊莉，2012b。〈「美國重返亞洲」對區域主義之意涵〉，《全球政治評論》（台中），第 39 期，頁 87-103。

李瓊莉、徐斯勤，2005。〈因應多面向區域挑戰的 APEC 制度發展：組織變革與行為模式〉，江啟臣主編，《世局變化下的 APEC 與我國參與》。台北：中華台北 APEC 研究中心。頁 48-73。

宋學文，2011。〈新自由制度主義之過去、現在與未來〉，包宗和、宋學文主編，《國際關係理論》。台北：五南圖書出版公司。頁 139-72。

袁易，1996。〈多邊主義與安全困境下之合作：國際關係理論與美「中」關係〉，《問題與研究》（台北），第 35 卷第 6 期，頁 1-17。

吳釗燮，1995。〈衝突解決的理論與分析模型〉，《問題與研究》（台北），第 34 卷第 10 期，頁 63-75。

林文程，1999。〈東協區域論壇與亞太多邊安全體系之建構〉，《戰略與國際研究》（台北），第 1 卷第 3 期，頁 74-114。

林正義，1996。〈亞太安全保障的新體系〉，《問題與研究》（台北），第 35 卷第 12 期，頁 1-18。

林碧炤，1996。〈國際衝突的研究途徑與處理方法〉，《問題與研究》（台北），第 35 卷第 3 期，頁 1-28。

徐斯勤，2011。〈新自由主義與新自由制度主義〉，包宗和、宋學文主編，《國際關係理論》。台北：五南圖書出版公司。頁 111-38。

秦亞青，2005。〈國際制度與國際合作—反思新自由制度主義〉，秦亞青，《權力、制度、文化：國際關係理論與方法研究文集》，北京：北京大學出版社。頁 87-111。

莫大華，1996。〈和平研究：另類思考的國際衝突研究途徑〉，《問題與研究》（台北），第 35 卷第 11 期，頁 61-80。

莫大華，2006。〈國際衝突與危機研究的趨勢與啟示〉，《問題與研究》（台北），第 45 卷第 2 期，頁 141-171。

習近平，2014/05/21。"積極豎立亞洲安全觀共創安全合作新局

面"。亞洲相互協作與信任措施會議峰會發言，Retrieved from:
http://www.fmprc.gov.cn/mfa_chn/ziliao_611306/zyjh_6113
08/t1158070.shtml

陳欣之，2005。〈國際安全研究之理論變遷與挑戰〉，《遠景基金會季刊》（台北），第 4 卷第 3 期，頁 1-40。

陳欣之，2006。〈國際制度在國際霸權競逐的權力作用〉，《政治學報》（台北），第 40 卷，頁 1-25。

陳欣之，1999。《東南亞安全》。台北：生智出版社。

陳鴻瑜，2001。〈東南亞安全與預防外交〉，《戰略與國際研究》。（台北），第 3 卷第 1 期，頁 60-83。

郭承天，1996。《國際建制與國際組織》。台北：時英出版社。

楊昊，2008。〈新憲章規範下的東協區域主義：回顧與展望〉，《台灣東南亞學刊》（南投），第 5 卷第 1 期，頁 147-79。

楊永明，1999。〈東協區域論壇：亞太安全之政府間多邊對話機制〉，《政治科學論叢》（台北），第 11 期，頁 145-80。

廖舜右，2011。〈亞太主義與東亞主義對峙下的東協加八〉，《政治學報》（台北），第 51 期，頁 29-51。

鄭端耀，1997。〈國際關係「新自由制度主義」理論之評析〉，《問題與研究》（台北），第 36 卷第 12 期，頁 1-22。

蔡明彥，2006。〈東亞安全秩序建構：霸權穩定、權力平衡與多邊機制的思辯〉，《全球政治評論》（台中），第 14 期，頁 1-17。

盧業中，2002。〈論國際關係理論之新自由制度主義〉，《問題與研究》（台北），第 41 卷第 2 期，頁 43-67。

蕭全政，2001。〈東亞「區域主義」的發展與台灣的角色〉，《政治科學論叢》（台北），第 14 期，頁 201-222。

亞太安全秩序的區域多邊途徑
——衝突預防概念與實踐

作　　者／李瓊莉

出 版 者／生智文化事業有限公司

發 行 人／葉忠賢

總 編 輯／閻富萍

特約執編／鄭美珠

地　　址／新北市深坑區北深路三段 258 號 8 樓

電　　話／(02)26647780

傳　　真／(02)26647633

E - mail／service@ycrc.com.tw

網　　址／www.ycrc.com.tw

印　　刷／科樂印刷事業股份有限公司

I S B N／978-986-5960-07-0

初版一刷／2014 年 10 月

定　　價／新台幣 350 元

總 經 銷／揚智文化事業股份有限公司

地　　址／新北市深坑區北深路三段 260 號 8 樓

電　　話／(02)86626826

傳　　真／(02)26647633

GPN：1010302150

國家圖書館出版品預行編目（CIP）資料

亞太安全秩序的區域多邊途徑：衝突預防
概念與實踐 / 李瓊莉著. -- 初版. -- 新北
市：生智, 2014.10
　　面；　公分

ISBN 978-986-5960-07-0（平裝）

1.亞太安全

578.193　　　　　　　　　　　103021895